Tirso de Molina

El castigo del penséque

Barcelona **2024**
Linkgua-ediciones.com

Créditos

Título original: El castigo del penséque.

© 2024, Red ediciones S.L.

e-mail: info@linkgua.com

Diseño de cubierta: Michel Mallard.

ISBN tapa dura: 978-84-1126-286-6.
ISBN rústica: 978-84-9816-494-7.
ISBN ebook: 978-84-9897-196-5.

Sumario

Brevísima presentación

La vida

Tirso de Molina (Madrid, 1583-Almazán, Soria, 1648). España. Se dice que era hijo bastardo del duque de Osuna, pero otros lo niegan. Se sabe poco de su vida hasta su ingreso como novicio en la Orden mercedaria en 1600 y su profesión al año siguiente en Guadalajara. Parece que había escrito comedias, al tiempo que viajaba por Galicia y Portugal. En 1614 sufrió su primer destierro de la corte por sus sátiras contra la nobleza. Dos años más tarde fue enviado a la Hispaniola (actual República Dominicana), regresó en 1618. Su vocación artística y su actitud contraria a los cenáculos culteranos no facilitó sus relaciones con las autoridades. En 1625, el Concejo de Castilla lo amonestó por escribir comedias y le prohibió volver a hacerlo bajo amenaza de excomunión. Desde entonces solo escribió tres nuevas piezas y consagró el resto de su vida a las tareas de la orden.

Esta comedia le costó el destierro a Tirso en Estercuel, motivado por las «ofensas» causadas a los Girones en su primera parte.

Personajes

Acompañamiento
Casimiro, Conde
Clavela, dama
Chinchilla, lacayo
Diana, Condesa
Don Rodrigo Girón
Floro, caballero
Leonelo, caballero
Liberio, viejo
Lucrecia, criada
Pinabel, caballero
Roberto
Soldados

Jornada primera

(Salen don Rodrigo y Chinchilla.)

Chinchilla ¡Gracias á Dios, señor mío,
que ha permitido que pises
tierra en flamencos países.

Rodrigo Mala bestia es un navío.

Chinchilla Más que mula de alquiler,
si furiosa se desboca;
pero, en fin, anda con toca
lo que tiene de mujer
la deshonra.

Rodrigo Por la vela,
la llamas mujer tocada.

Chinchilla Y porque cuando le agrada,
le sirve el viento de espuela.
Da al diablo tal caminar;
que si una vez tira coces,
no servirá el darle voces,
ni te podrás apear
mientras le dura el enojo
sino que a la primer suerte,
con ser tan seca la muerte,
has de morir en remojo.
No hayas miedo, aunque lo mandes,
que me mezca la Fortuna
segunda vez en su cuna.

Rodrigo Ya estamos cerca de Flandes.

Términos parte con él
y con la antigua Alemaña
esta apacible montaña.

Chinchilla   Flandes todo es un verjel.

Rodrigo   Cómo lo sabes?

Chinchilla   Así
se nos vende en nuestra tierra
en lienzos. Allí una sierra;
un ameno valle aquí,
   y en él dos gamos corriendo,
que tambien corren en Flandes
gamos pequeños y grandes,
vanle tres galgos siguiendo,
   y al trasponer de una cuesta,
le atajan dos caballeros
mostrando en él sus aceros.
Luego, con música y fiesta,
   dos damas de cardenillo,
oyendo el amor sutil
de un galán de peregil
con un coleto amarillo,
   que asentado en una puente,
a falta de silla o poyo,
por donde corre un arroyo
del orinal de una fuente,
   en servirlas se desvela.
Luego en un jardín están
tres damas con un galán,
que tocando una vihuela
   las entretiene despacio,
porque el Sol no las ofenda,

mientras sacan la merienda
de un almagrado palacio
con su puente levadiza,
seis torres y cien ventanas.
Acullá lanzan pavanas,
que un flamenco soleniza...
   Por cualquier parte que andes,
todo es fuentes y frescura.
Esto es Flandes en pintura,
y por esto, no hay más Flandes.

Rodrigo   No sabes tú lo que va
de lo vivo a lo pintado.

Chinchilla   A Flandes hemos llegado;
no nos llores duelos ya.

Rodrigo   Si en él no nos va más bien
que en Madrid, ¡buena venida
hemos hecho, por mi vida!

Chinchilla   Calla, y esperanza ten,
   que si eres hijo menor,
y como tal, maltratado
de un mayorazgo felpado,
rico por ser el mayor,
   le heriste, con la licencia
que da un hablar descortés,
de hermanos segundos es
Flandes valerosa herencia.
   ¿No traes cartas de favor
para el archiduque?

Rodrigo   Sí;

                    mas basta ser para mí...

Chinchilla   ¿Pues de qué tienes temor?

Rodrigo   No está el archiduque en Flandes.

Chinchilla   ¡Muy buen despacho, por Dios,
                    para no tener los dos
                    un cuatrín!

Rodrigo   Desdichas grandes
                    me persiguen estos días.
                    No hay remedio. ¿Qué he de hacer?

Chinchilla   Si pudiéramos comer
                    desdichas tuyas y mías,
                        no echáramos el dinero
                    menos; porque con mandar
                    a la huéspeda guisar
                    cuatro desdichas, primero
                        que aquellas se digirieran,
                    si hay para ellas digestión,
                    porque hubiera provisión,
                    otras tantas acudieran,
                        y comiéramos los dos
                    desde hoy más nuestras desdichas.

Rodrigo   ¿Tantas tengo?

Chinchilla   A ser salchichas,
                    a vernos viniera Dios.

Rodrigo   No he de ser en todas partes
                    desdichado.

Chinchilla	Ni hay lugar donde no sepa llegar con sus agüeros un martes. Si caminaran a pie las desgracias, imagino que por huír las de un camino, no nos siguieran.
Rodrigo	No sé, aunque a Monblán he llegado, dónde me pueda hospedar.
Chinchilla	Si no tienes que gastar, vamos al mesón del prado.
Rodrigo	¿Es tiempo de burlas éste?
Chinchilla	¿Pues de qué quieres que sea?
Rodrigo	Cuando algún noble me vea podrá ser que dé o que preste.
Chinchilla	¿Preste aquí? ¡Vocablo extraño! Los negros lo entenderán que sirven al Preste-Juan. Un preste hace tanto daño como tiña o pestilencia. De peste a preste verás que hay una letra no más. En tan poca diferencia, nadie se querrá apestar por prestar.

(Sale Roberto, hablando para sí en el fondo del teatro.)

Roberto   Tarde he venido.
El tiempo me ha detenido.
Él me puede disculpar.
    Pero —cielos!— ¿no es Otón
éste que a los ojos tengo?
A famoso tiempo vengo.
Llego a hablarle, que es razón.
    Pero no; a su padre quiero
pedirle de su venida
las albricias.

(Vase Roberto.)

Chinchilla   Por mi vida,
que para estar sin dinero,
    es nuestra flema muy buena.
Busquemos una hostería,
pues si en ella el patron fía
sobre prendas cama y cena,
    hombre eres de muchas prendas,
pues que tu nombre y blasón
es don Rodrigo Girón.
Sobre ellas, pues no hay qué vendas,
    cenarás.

Rodrigo   Ya que he venido
a Flandes desde mi tierra,
serviré al rey en la guerra;
que el noble que es bien nacido,
    solo por sus hechos medra,
y con fama celebrada
saca fruto de la espada

14

como Moisés de la piedra.

(Salen Liberio, Clavela, Lucrecia, y Roberto. Hablando Liberio con Roberto al
salir.)

Liberio   ¿Otón?

Roberto   Otón digo que es.

Liberio   Si él fuera, ya hubiera entrado.
                               ¡Mas él es! ¡Ay hijo amado!

(Llegándose a don Rodrigo.)

                               Dame los brazos. Ea pues,
                               deja a la naturaleza
                               hacer su oficio de amor.

Rodrigo   ¡Habláis conmigo, señor?

Liberio   ¡Pues con quién? ¡Buena simpleza!
                               ¿Qué dudas? Dame los brazos.

Rodrigo   Darélos por cortesía.

(Abrázale.)

Liberio   ¡Hijo mío! ¡Prenda mía!
                               Vuelve y dame más abrazos.
                               Clavela, abraza a tu hermano.

Chinchilla (Aparte.)   (Hecho me quedo un baulón.)

Clavela   Llegad y abrazadme, Otón.

| Rodrigo | Ya soy quien en eso gano. |
| | Pero... |

(Habla Chinchilla aparte a su amo.)

| Chinchilla | Llega, majadero, |
| | y deja peros ahora. |

| Rodrigo | Alto, abrazadme, señora. |

(Abrázala.)

| Chinchilla (Aparte.) | (Ése sí que es lindo pero.) |

(A Lucrecia.)

| Liberio | Prevéngase su aposento |
| | y cena. |

(Vase Lucrecia.)

| Chinchilla | Si hay qué comer, |
| (Aparte.) | vamos. (Dios nos vino a ver.) |

| Liberio | Loco me tiene el contento. |

| Rodrigo | ¿Qué es esto, señora mía? |
| | Señor, ¿qué es lo que decís? |

(Aparte a su amo.)

| Chinchilla | Calla. |

Clavela	¿Que aún os encubrís?

Rodrigo (Aparte.)   (¿Hay mas extraña porfía?)
Yo llego en esta ocasion
desde Castilla...

Liberio   No quiero
saberla. Entremos primero;
que en buena conversación,
después de alzada la mesa
nos diréis ese suceso.

Rodrigo   Señores...

(Aparte a su amo.)

Chinchilla   ¿Estás sin seso?
¿De esta ventura te pesa?
  Hallas aquí padre y madre,
qué comer y qué cenar,
cuando acabas de llegar
sin blanca; llámase padre
  tuyo un viejo, que en cajones
para que vivas triunfando,
le deben de estar maullando
gatos llenos de doblones,
  y escúsaste, mentecato?
Di que eres Otón, Enrico,
Baldovinos, mono, mico,
Herodes y Mauregato.

Liberio   Si el temor de la desgracia
que de aquí te hizo huír,
hijo, te obliga a fingir,

no temas.

Rodrigo (Aparte.)   (¿No es linda gracia
aquésta?)

Liberio   Porque Roberto
está delante de ti,
¿te disimulas así?

Chinchilla   Sí, por eso se ha encubierto.

Liberio   Ya no tienes que temer.
Cortó el cielo en años breves
la vida al duque de Cleves.
Viuda queda su mujer,
   moza, rica, y por su dote
condesa de Oberisel.

(Chinchilla habla aparte a un lado con don Rodrigo.)

Chinchilla   Señor, acota con él,
o no cenarás gigote.

Rodrigo   ¿Pues qué he de hacer?

Chinchilla   Consentir,
comer, conversar, contar,
y a veces disimular,
porque te importa vivir.
   Llegó una noche a una venta
un licenciado sin cuarto,
ni blanca. Estaba de parto
la ventera, y no había cuenta
   de darle por ningún precio

un bocado de cenar,
ni cama en que se acostar,
porque era el parto muy recio,
y traía alborotada
la venta. Llegóse y dijo
el estudiante: «De un hijo
la ventera está preñada.
Si quieren que luego pára,
tráiganme tinta y papel,
y un ensalmo pondré en él
de virtud notable y rara».
Escribió solos dos versos.
Cosiólo en un tafetán.
Sacáronle vino y pan
y otros manjares diversos.
Diéronle paja y cebada
a la bestia. Parió luego
la ventera, mas no a ruego
de la oración celebrada.
Partióse, sin guardar cosa,
el estudiante, estimado
de todos y regalado.
La huéspeda, codiciosa
de ver lo que contenía
la tal nómina o papel
tan dichoso que con él,
cualquier preñada paría,
abriólo, y vio en él escrito:
«Cene mi mula, y cene yo,
siquiera pára, siquiera no».
Y riyeron infinito.
Si padre y madre has hallado,
cene mi amo y cene yo,
siquiera sea, siquiera no,

tu padre, agüelo o cuñado.

Liberio	Ea, hijo, ¿que dudáis?

Clavela	Hermano, ¿qué os detenéis?

Rodrigo	Con la salva que me hacéis,
	pues todos me aseguráis,
	no es bien que mi fingimiento
	dure más. Vuestro hijo soy.

(Sale Lucrecia.)

Liberio	Otras mil veces te doy
	los brazos.
(A Lucrecia.)	¿El aposento
	está prevenido?

Lucrecia	Está,
	y la cena que se enfría.

Rodrigo	Vamos pues, hermana mía.

Chinchilla (Aparte.)	(Hermana carnal será.)

Liberio	Lucrecia, ten tú cuidado
	con éste... ¿Cómo os llamáis?

Chinchilla	Chinchilla, porque os sirváis
	de mí.

Rodrigo	Es muy leal criado.

Liberio	No llevaste, di, ninguno

de esta ciudad?

Rodrigo   Señor, no.

Chinchilla   En Madrid me recibió
                    un viernes, día de ayuno,
                       que ha que dura un año entero.
                    ¡Mire qué extraño rigor!
                    Mas no hay ayuno peor
                    que el ayuno del dinero.

Liberio   Entrad, hijo, y descansad.

(Aparte a su amo.)

Chinchilla   ¡Ah, don Rodrigo! Chitón.

Liberio   Hija, a vuestro hermano Otón
                    le dad la mano, y entrad.

(Vanse don Rodrigo, Clavela, Liberio y Roberto; y al entrarse Lucrecia la
detiene Chinchilla.)

Chinchilla   Ce, si sabe el a, b, c,
                    que ésta es la tercera letra;
                    aunque la mujer penetra
                    otra mejor, que es la d.
                       Dígame, doña rolliza,
                    su nombre.

Lucrecia   Lucrecia.

Chinchilla   Basta.
                    ¿Es Lucrecia por ser casta?

Lucrecia	No, sino por ser castiza.

Chinchilla	Dígame, ¿por qué ocasión
	nuestro dueño se ausentó,
	y cuándo huyendo salió
	de aquesta insigne región?
	   Que yo no supe hasta aquí
	que era de Flandes, ni el nombre
	de Otón. Por un gentilhombre
	de Nápoles le serví,
	   y se llamaba Lisardo.
	Sáqueme de aquesta duda,
	recetaréle una muda
	para ese rostro gallardo.

Lucrecia	¿Impórtale mucho?
Chinchilla	Quiero saber de esto la maraña; que como vengo de España, por saber cosas me muero.
Lucrecia	Pues sepa, y estéme atento, que Liberio, mi señor, es un hombre de valor, de hacienda y merecimiento. Tiene una hija doncella, que es Clavela. Ya la vio.
Chinchilla	No es mocosa.
Lucrecia	No acertó. Tiene una falta.

Chinchilla	¿Es doncella?
Lucrecia	Sí.
Chinchilla	Pues que tú lo autorizas, falta es, y más si hay engaño, porque hay mujeres hogaño como puentes levadizas.
Lucrecia	Tiene un hijo, que es Otón, pues que ya sabes su nombre.
Chinchilla	Y no tiene falta el hombre en talle ni discreción.
Lucrecia	Este tal habrá tres años que en una casa de juego mató un hombre, y huyó luego.
Chinchilla	¡Peligros del mundo extraños! Pero ¿por qué le mató? Aunque en el juego se ofrecen mil cosas que lo merecen.
Lucrecia	No fue por el juego.
Chinchilla	¿No? Prosigue pues con tu cuento.
Lucrecia	Entró en los trucos un día al tiempo que se decía un lijero pensamiento de su hermana y un privado

de Carlos, duque de Cleves
parando palabras leves
en obras...

Chinchilla   Está obligado
a no hablar el que pretende
tomar venganza, y la toma.
La honra es ley de Mahoma,
que con armas se defiende.

Lucrecia   Hirió al privado de muerte,
y temiendo la venganza
del duque y de su privanza,
escogió por mejor suerte
el ausentarse de aquí.

Chinchilla   Hizo bien.

Lucrecia   Murió el de Cleves,
mudándose en tiempos breves
las cosas...

Chinchilla   Siempre es así.

Lucrecia   Quedó viuda la condesa,
y por no estar bien casada,
el segundarlo la enfada
y solo el luto profesa,
aunque príncipes y grandes
no dejan de pretendella,
viéndola muchacha y bella,
y que en lo mejor de Flandes
es dote suyo el condado
de Oberisel, sin que quede

24

	hijo alguno que lo herede.
Chinchilla	Sin hueso es ese bocado.
Lucrecia	Después que el duque murió, no hay quien la venganza pida a Otón.
Chinchilla	¡Dichoso homicida!
Lucrecia	Que aunque en Monblán quedó un hermano suyo, y tal, que de él la condesa fía su hacienda y casa, y podría, por ser hombre principal serle de harto daño a Otón, Amor que a imposibles vuela, le enamoró de Clavela; y es de modo su afición, y lo que a Otón ha deseado, que ha de dar envidias grandes, cuando sepa que está en Flandes.
Chinchilla	A buen tiempo hemos llegado. Y ¿llámase el tal amante de Clavela...?
Lucrecia	Pinabel.
Chinchilla	¿Buen talle?
Lucrecia	No hay falta en él.
Chinchilla	Antes que pase adelante,

¿qué hay de mi amor?

Lucrecia   ¿Qué sé yo?

Chinchilla   ¡Ay fregatriz! Ese gesto
                    me ha enamorado.

Lucrecia   ¿Tan presto?

Chinchilla   Mucho ha que me enamoró
                    el romance de Lucrecia;
                    y si viviera Tarquino...

Lucrecia   ¿Qué?

Chinchilla   Viviera; mas convino
                    que muriese. Acaba, necia;
                    que tú y yo habemos de ser
                    en excomunicación,
                    como el papel y el borrón,
                    que no se deja raer.
                        ¿Hay ya voluntad?

Lucrecia   Tantica.

Chinchilla   ¡Qué buenos carrillos! Hinche.

Lucrecia   ¡Ay qué Chinchilla y qué chinche!

Chinchilla   Chinche que pica.

Lucrecia   Y me pica.

(Vase Lucrecia. Sale Rodrigo.)

Rodrigo   Si la historia de Amadís
               verdad pudiera haber sido,
               si me hubiera convertido,
               Chinchilla, en don Belianís,
                  pudiera ser que entendiera
               que andando yo enamorado,
               llegué a un castillo encantado,
               mudándome una hechicera
                  talle y cara; mas no es vana
               esta historia, si lo fue
               esotra, pues que ya hallé
               aquí padre y una hermana.

Chinchilla   Un Conde Partnuplés
               eres.

Rodrigo   Entra y lo verás.

Chinchilla   Alegre y ufano estás.

Rodrigo   No quisiera que después
               pagáramos por entero.

Chinchilla   ¿Cómo?

Rodrigo   Si me han recebido
               aquí por Otón fingido
               y viniese el verdadero,
                  ¿qué he de hacer?

Chinchilla   Ya se habrá muerto.

Rodrigo   Además de que no sé

la causa por que se fue.

Chinchilla   ¡Donoso temor por cierto!
               De todo estoy informado;
               Lucrecia lo desbuchó.
               Ya sé por qué y cuándo huyó
               tu original o traslado.
               Vámonos a pasear;
               que si has cenado, bien puedes,
               no nos oigan las paredes,
               que aun ellas saben soplar.

Rodrigo   ¡Ay qué Clavela, oh Chinchilla!
               Qué amor, qué conversación!
               Qué cara, qué discreción!

Chinchilla   ¿Hale dado ya papilla?
                   ¿Hay babera?

Rodrigo   No me pesa
               del parentesco que he hallado
               aquí.

Chinchilla   Habránte preguntado
               muchas cosas sobre mesa.

Rodrigo   Muchas.

Chinchilla   Y tú respondido
               Ad Galatas?

Rodrigo   Por no dar
               con todo en tierra, y quedar
               descubierto y conocido,

28

les dije que me dolía
la cabeza, y que después
respondería.

Chinchilla   Ésa es
discreta bellaquería;
          mas ¿cómo te has escapado
de los dos?

Rodrigo   Envió por ella,
por lo que gusta de vella,
la condesa de este estado.

Chinchilla   Es una viuda gentil,
según me han dicho, señor.
¡Ojalá te hiciera amor...!

Rodrigo   ¿Qué?

Chinchilla   Aforro de su monjil.
          Ven, y daréte razón
de lo que quieres saber.

Rodrigo   En fin, ¿que Otón he de ser?

Chinchilla   O ayunar, o ser Otón.

(Vanse los dos. Sale la Condesa, con unas cartas, Casimiro, Pinabel, y Floro.
La Condesa habla a Casimiro.)

Condesa   ¡Que mi hermano, el duque Arnesto
con el Conde Casimiro
quiera casarme, y para esto
me escriba con vos! Me admiro.

Para casarme es muy presto.
Un año ha que visto luto
por mi esposo y vierto llanto
que no tiene el tiempo enjuto;
y no es bien, cuando él es tanto,
hacer agravio a su luto.
Viuda soy, moza y mujer,
con un condado a mi cargo,
que, aunque sola, podrá ser
que con el discurso largo
del tiempo, venga a tener
para regirle prudencia;
y cuando ésta me faltare,
no está lejos su presencia,
con que los daños repare
de mi poca suficiencia.
Cuanto y más que mis vasallos
no se quejan hasta ahora
de que no sé gobernallos;
que al fin, como su señora
legítima, sé estimallos.
Pues yo no tengo heredero,
no le estará a Arnesto mal
serlo mío. Al fin, no quiero
dar en el mundo señal
de que fue el amor ligero;
que tuve al duque de Cleves,
mi señor, mientras vivió.
Esto quiero que le lleves
por respuesta.

Casimiro   ¿Con un «no»
a dar la muerte te atreves
a un enfermo, que contando

30

los términos de su vida,
el «sí» dulce está aguardando,
la esperanza entretenida
entre las dudas de un «cuando»?
    Por los dos puedes traer
el luto que has escogido,
y vendrá, señora, a ser
por un esposo fingido,
y otro que lo quiso ser.
    Mal pagas la voluntad
de Casimiro, a quien llevo
el fin de su verde edad.

Condesa   Si no pago como debo
al Conde la voluntad,
    por no quedar obligada
a pagarla, no la admito.
Yo he quedado escarmentada,
y con deseo infinito
de no vivir mal casada;
    y así el Conde que encareces,
busque a su contento esposa,
haciendo sus ojos jueces;
porque el casarse no es cosa
que se ha de probar dos veces.
    Aquesto escribo a mi hermano,
y aquesto propio le di.

Casimiro   Mira, señora, que es llano
que si le niegas el sí
de tu idolatrada mano,
    ha de arriesgar, aunque ofenda
el Amor que es su homicida,
su estado, porque se entienda

que quien arriesga la vida
por ti, arriesgará la hacienda.
Mira que te ha de cercar
en Monblán.

Condesa   No me amenaces;
que quien no puede obligar
a la voluntad con paces,
con guerra no ha de bastar.

Casimiro   Por rogártelo tu hermano...

Condesa   Que no hay ruegos para mí.
Pártete; acaba.

(Desviándose y hablando aparte con Floro.)

Casimiro   ¡Qué en vano,
colgada el alma de un sí,
di entrada al Amor tirano!
          ¡Ay cielo!

Floro   ¿Qué hemos de hacer?

Casimiro   ¿Qué? ¡Morir, desesperar.
rabiar, sentir, padecer!

Floro   Mucho puede el porfiar;
pero date a conocer;
          que si a ver si su belleza
igualaba con su fama
veniste, si Amor empieza
a dar materia a tu llama
y principio a su flaqueza,

el saber que tú has venido,
quizá le dará cuidado;
que si ausencia causa olvido
en el amante obligado,
¿qué hará en el no conocido?

Casimiro   No, Floro; que Amor desnudo
con las armas suele hacer
lo que sin ellas no pudo.
A Monblán he de volver
cuando en el silencio mudo
   esté el descuido acostado.
Mil tudescos, como sabes,
en escuadrón concertado
traigo, que serán las llaves
de su alcázar torneado.
   Seré esta noche con ellos
de aquesta Troya Sinón,
y de sus despojos bellos
otro Paris.

Floro   La Ocasión
te dé, señor, sus cabellos.

(Vanse Casimiro y Floro.)

Condesa   Nadie espere, Pinabel,
tener de mi esposo nombre,
pues murió el duque con él;
que en la libertad de un hombre
libre, soberbio cruel,
   no estriba bien la flaqueza
de una mujer, a quien ves
con mocedad y riqueza

porque es locura el ser pies
la que puede ser cabeza.
    Cansada de estar casada
estoy. ¡Gracias a los cielos,
que no lloro despreciada,
ya desdenes, ya desvelos
de una afición mal pagada!
    Si en el conyugal amor
hubiera penas iguales
para el esposo agresor,
y sus obras desleales
tocaran en el honor,
    como las de una mujer,
perseverara en los dos
el recíproco querer;
pero que en la ley de Dios
iguales vengan a ser
    los delitos del marido
y la esposa; y que en el suelo
haya el vulgo establecido
venganza en leyes del duelo
para el esposo ofendido,
    y no para la mujer.
Ésa es terrible crueldad,
suficiente a deshacer
a amor, que sin igualdad,
no sabe permanecer.

Pinabel   Dios conserve a vuexcelencia
en esta opinión honrada,
que es digna de su prudencia.

Condesa   El ser dos veces casada
juzga el mundo a incontinencia.

34

Yo viviré con cuidado
de no adquirir este nombre.

Pinabel   Si no hay gobierno alabado
en una casa sin hombre,
¿qué hará donde hay un estado?

Condesa   Hombre tiene, Pinabel,
aquesta ciudad en vos,
para regirse por él;
y gobernando los dos,
seguro está Oberisel.

Pinabel   A vuestra excelencia beso
los pies por tanto favor.

Condesa   De vuestra prudencia y seso
conozco el mucho valor,
y sé que en cualquier suceso
no hará falta el duque muerto
de quien fuisteis tan querido.

Pinabel   Si a servir, señora, acierto
a vuexcelencia, habré sido
muy dichoso.

Condesa   Aquesto es cierto.

Pinabel   Y para poderlo hacer
mejor, pues que vuexcelencia
casada no quiere ser,
la vengo a pedir licencia...

Condesa   ¿Es para elegir mujer?

Pinabel	Es para que intercesora
	vuexcelencia sea con ella.
Condesa	Es muy hermosa?
Pinabel	Señora,
	en vuestra presencia bella
	no puede serlo el aurora;
	mas de vos abajo, vuela
	su fama por todo Flandes.
Condesa	¿Quién es?
Pinabel	Clavela.
Condesa	¿Clavela?
	Méritos tiene muy grandes;
	pero en eso ¿qué recela
	vuestro amor? ¿No fue homicida
	su hermano del vuestro?
Pinabel	Fue
	el que le quitó la vida,
	y con su hacienda heredé
	su amor. Quiero que le pida
	a su padre. Vuexcelencia,
	le mande me dé la mano;
	y usando de su clemencia,
	alce el destierro a su hermano,
	sin hacerle resistencia.
Condesa	Enviadlos a llamar.

Pinabel	Ya, señora, eso está hecho y poco pueden tardar los dos.
Condesa	En vuestro provecho sois vigilante.
Pinabel	En amar ¿quién no lo es?
Condesa	La elección que habéis hecho me contenta, que en belleza y discreción Clavela la fama aumenta de la flamenca nación.
Pinabel	Ella misma entra, señora, a estimar y agradecer tal merced.
Condesa	Intercesora con ella os tengo de ser, pues que tanto os enamora.

(Salen Liberio, Clavela, y Lucrecia.)

Liberio	En que tenga vuexcelencia memoria de nuestra casa y nos traiga a su presencia, todos los límites pasa nuestra dicha.
Condesa	La experiencia, Liberio, que resplandece

en vos, que tenga memoria
de vuestras canas merece,
y de Clavela, que es gloria,
que como Sol resplandece.

Clavela　　　　　　Por no quedar corta, callo,
estimando la ventura,
que en vos, gran señora, hallo.

Condesa　　　　　No es bien que tanta hermosura,
y tan prudente vasallo,
　　deje de participar
de mi privanza y favor;
y que toda esta ciudad
estime vuestro valor
y alabe vuestra beldad,
　　y yo, que soy su señora,
no la goce.

Clavela　　　　　　　　　Mi vergüenza
responderá por mí ahora.

Pinabel　　　　　Su rostro hermoso comienza
a imitar la blanca aurora.

Condesa　　　　　　Ya sé que el dar muerte Otón
a Enrico, de Pinabel
hermano, fue la ocasión
que perdiésedes por él
el favor y estimación
　　que el duque, que tiene Dios,
hizo en negocios de peso,
Liberio noble, de vos;
pero aquel triste suceso

podéis convertir los dos
en un pacífico estado,
como queráis. Pinabel,
en vez de estar agraviado
y pedir venganza de él,
que alcance me ha suplicado
le dé Clavela la mano.
Ya sabéis que por la suya
regirse mi estado es llano;
y para que restituya
la paz a su muerto hermano
Liberio, el modo mejor
y más común, es juntar
prendas de sangre y amor,
de quien puede resultar
tanta nobleza y valor.
Pues yo intercedo, no creo
que habrá aquí dificultad.

Liberio   Cuando en tan dichoso empleo
faltara la calidad
y la nobleza que veo
en Pinabel, gran señora,
y no interesara yo
su amistad y paz que ahora
a tan buen tiempo llegó,
basta ser intercesora
vuexcelencia para hacer
de nosotros a su gusto.
No tengo qué responder.
Solo, si os parece justo,
será con el parecer
de Otón, mi hijo, que está
en Monblán.

Pinabel	¡Válgame el cielo!
Condesa	Si es discreto, él lo tendrá por bien.
Liberio	Comunicarélo, y él vendrá, señora, acá a besar a vuexcelencia los pies.
Condesa	Clavela, ¿no habláis?
Clavela	Si está dada la sentencia en el pleito que tratáis, gran señora, en la presencia de mi padre, ¿qué he de hablar? Serviros solo apetezco.
Condesa	Venid, que os quiero enseñar mi alcázar.

(Vanse todos, menos Pinabel.)

Pinabel	Si es que merezco, Amor, el cielo gozar de tan bella perfección, términos acorta y plazos; que es muerte la dilación de sus amorosos lazos. Voy a ver y hablar a Otón.

(Vase. Salen don Rodrigo y Chinchilla.)

Rodrigo	¿Hay sucesos semejantes?

Chinchilla	Cuando los llegue a saber
	Madrid, los ha de poner
	en sus novelas Cervantes.
	    Aunque en el tomo segundo
	de su manchego Quijote
	no estarán mal, como al trote
	los lleven por ese mundo
	    las ancas de Rocinante,
	o el burro de Sancho Panza.

Rodrigo	Basta, que la semejanza
	de este Otón, tan importante
	    para mi necesidad
	y aumento de los cuidados,
	hoy libres y enamorados,
	tiene toda la ciudad
	    engañada y persuadida
	que soy Otón.

Chinchilla	Lindo cuento
	es llegar de ciento en ciento
	a darte la bienvenida,
	    y decir uno espantado:
	«¿Cómo no me conocéis,
	si ha tantos años que habéis
	mi lado y mi casa honrado?»
	    Y otro decir: «No entendiera
	que con tanta brevedad
	las leyes de la amistad,
	Otón, el tiempo rompiera».
	    Y tú, mascando entre dientes
	ambiguas satisfacciones,

41

como quien reza oraciones,
dar los brazos a parientes
que en toda tu vida viste.

Rodrigo   Con todos cumplo callando,
lo que dicen otorgando.
Tú en aquesto me metiste.
¿Qué he de hacer?

Chinchilla   El callar sabe
vencer. No ha faltado loco
que, viéndote hablar tan poco,
dijo: «¡Qué necio y qué grave
que viene el señor Otón!».
Yo respondí, aunque lacayo:
«Como Otón no es papagayo,
no habla aquí de ostentación,
ni hay pena para los mudos.»
Mas nada hubo como ver
el llegarte el mercader
a pedir los cien escudos
y tú, muy disimulado,
decir: «No penséis, señor,
que como el mal pagador,
de la deuda me he olvidado.
Venid a casa mañana;
que mi padre os los dará».

Rodrigo   En esto estoy puesto ya.
La hermosura de esta hermana
en Monblán me ha detenido;
que si no, yo deshiciera
con mi ausencia esta quimera.

Chinchilla	¿Háte Cupido escupido?
Rodrigo	Desmandados pensamientos

han dado en ser estudiantes,
y como son principiantes,
andan en los rudimentos.
   Pero en escuelas de Amor,
con poca dificultad
alcanza en su facultad
borla y grado de doctor
   quien, para que no se excuse,
el alma ofrece en propinas.

Chinchilla   Ya parece que declinas
con Clavela a musa, musae;
   pero no querrás pasar
con el estudio adelante,
por más que seas estudiante.
Si llegas a conjugar
   con ella...

Rodrigo   No sé, por Dios,
lo que te responda en eso;
que es hermosa te confieso.

Chinchilla   ¡Noramala para vos!

(Sale Pinabel.)

Pinabel   Los brazos que a la venganza
pudieran dar otro tiempo
debida satisfacción
y muerte al atrevimiento,
por el amor enlazados

que a prendas del alma tengo,
y de quien vos sangre sois,
para abrazaros ofrezco.
Seais, Otón, bien venido.

Rodrigo   ¿Qué es esto, señor? Teneos.

(Hablan aparte don Rodrigo y Chinchilla.)

Chinchilla, huyamos de aquí;
que cada instante me veo
en un mar de confusiones.

Chinchilla   Con la industria y el silencio
podrás salir bien de todo.
Disimula, si eres cuerdo.

Pinabel   Si pesadumbres pasadas,
que en paces trocar deseo,
os obligan a no hablarme,
rompe al enojo el velo;
que en mí no bastan agravios
de un hermano, por vos muerto,
a que, olvidadas pasiones,
no os salga, Otón, al encuentro.
Los cielos quieren que sea
amigo y pariente vuestro;
no neguéis a Pinabel
lengua y brazos.

(Aparte a su amo.)

Chinchilla   Ya di en ello.
Éste es, señor, el hermano

44

de aquel muerto caballero,
causa de ausentarse Otón,
y de todo este embeleco.
Háblale y dale los brazos;
pues ya te he contado el cuento
de la historia.

Rodrigo   Pinabel,
si he dudado en responderos,
la novedad lo ha causado
que en vuestras palabras veo,
aguardo de vuestras obras.
¡Gracias a Dios y a los tiempos,
que mudan las voluntades!

(Abrázale.)

Pinabel   La prisa de mis deseos
atropella las palabras.
Sabed que el Amor, tercero,
entre enojos criminales,
eternas paces ha puesto
en pasiones ya olvidadas
y hablando claro, yo quiero
a vuestra hermana Clavela
tanto, como al movimiento
circular el primer móvil,
y como la piedra al centro.
La condesa mi señora,
a mi intercesión y ruegos,
se la pidió a vuestro padre,
y respondió el cortés viejo
a medida de mi gusto,
como de su entendimiento

prudencia se esperaba,
a vos, Otón, remitiendo
la ejecución de mi dicha;
pues siendo noble, no creo
dejaréis de efetuarla,
y estimar mi sangre y deudo.
Vamos, amigo, a palacio,
donde Clavela y Liberio
con la condesa os aguardan.

(Habla aparte don Rodrigo con Chinchilla.)

Rodrigo   ¡Ay Chinchilla! ¿qué es aquesto?

Chinchilla   Atambores en cuaresma.

Rodrigo   (Por la puerta de los celos
entré en vuestra casa, Amor.
No saldré de ella tan presto.)
La dicha que se nos sigue
a nosotros en teneros
por pariente y por amigo,
es notorio y manifiesto.
Cuanto a esta parte, no hay duda
sino que seré el primero
que por honrar nuestra sangre,
trate vuestro casamiento.
Solo hay un inconveniente,
que la industria hará ligero,
suspendiendo algunos días
las bodas.

Pinabel   Siglos eternos
serán los breves instantes.

                              Pero ¿qué estorbo hay?

Rodrigo   Yo vengo
de Madrid, corte de España,
patria y madre de extranjeros.
Profesé en ella amistad
con un noble caballero,
que porque en Flandes nació,
quiere bien a los flamencos.
Es don Rodrigo Girón
su nombre, a quien amo y quiero
como a mí mismo, porque es
conmigo un alma.

Chinchilla (Aparte.)   (¡Y un cuerpo!)

Rodrigo   Mil veces, comunicando
los dos, le dije el suceso
que me desterró de Flandes,
la hermosura encareciendo
de Clavela de tal suerte,
que aunque el amor que es perfeto
entra al alma por los ojos,
aquella vez entró dentro,
como fe, por los oídos;
y fue con tan grande extremo,
que está pretendiendo un cargo
en Flandes, solo por esto.
Prometíle a la partida,
por la fe de caballero,
si hallaba a Clavela libre,
aguardar un año entero
su venida, sin casarla;
pero en Madrid, que es el cielo

de ocasiones amorosas,
y yo ausente, que era el cebo
de su amor, ya habrá el olvido
con él sus milagros hecho;
que a la mudanza en la corte
la dan casa de aposento.
No he dicho nada hasta ahora
a mi padre; que lo dejo
para tratarlo despacio,
por ser negocio de peso.
Escribiréle esta noche
que Clavela, como es cierto,
está con vos concertada;
y aunque las bodas suspendo
por guardarle la palabra,
se han de poner en efeto.
Que suelte, y dé al desposorio
lugar. ¿Qué decís?

Pinabel   Que temo
de mi desdicha que venga
a estorbar mi casamiento
don Rodrigo, con las alas
de sus mismos pensamientos,
que le traerán por los aires,
para que llegue mas presto.

(Tocan al arma dentro.)

Pero ¿qué alboroto es éste?

Rodrigo   Tocar a rebato siento.

Pinabel   ¡Válgame Dios! ¿qué será?

(Sale Leonelo.)

Leonelo   ¡Notable caso!

Pinabel   Leonelo,
                 ¿qué enemigos nos asaltan,
                 cuando estamos libres de ellos?

Leonelo   El palatino del Rin,
                 Casimiro, que viniendo
                 curioso o enamorado
                 hoy a Monblán encubierto,
                 a saber por experiencia
                 si son encarecimientos
                 o verdades los que alaban
                 nuestra condesa hasta el cielo,
                 perdido por su hermosura,
                 y a su amor correspondiendo,
                 conforme su pretensión
                 y cartas del duque Arnesto,
                 en saliendo de Monblán,
                 con un escuadrón tudesco,
                 que en el bosque le esperaba,
                 la vuelta ha dado, resuelto
                 de conquistar por las armas
                 lo que no alcanzaron ruegos;
                 y no ha sido poca dicha
                 de que no haya entrado dentro,
                 cogiéndonos descuidados.

Pinabel   ¿Hay mayor atrevimiento?
                 Pero la condesa es ésta.

(Sale la Condesa con acompañamiento.)

Pinabel   Señora...

Condesa   ¿Que el mensajero
era del duque mi hermano
Casimiro, el Conde?

Leonelo   Él mesmo
que nuestra ciudad asalta.

Condesa   Como no asalte mi pecho,
poco importa. Pinabel...

Rodrigo   Los piés, gran señora, beso
a vuexcelencia.

Chinchilla (Aparte.)   (¡Por Dios,
que es gentil hembra en extremo
la viuda!)

Condesa   ¿Sois vos, Otón?

Rodrigo   Y humilde vasallo vuestro.

(Habla Rodrigo aparte al criado.)

                 ¡Qué hermosa mujer, Chinchilla!

Condesa   Mucho me he holgado de veros.
Yo prometí a vuestro padre
daros, Otón, en viniendo,
la plaza de secretario.
Ya podéis servirla.

Rodrigo   Vuelvo
                        a besar a vuexcelencia
                        los pies.

(Hablan aparte Chinchilla y su amo.)

Chinchilla   Hucha de secretos
                        eres. ¿Qué seré yo?

Rodrigo   Calla.

Condesa   ¿Querrá el Conde poner cerco
                        a Momblán?

Leonelo   Así se dice.

Condesa   Id Pinabel, repartiendo
                        soldados por las murallas,
                        que los que en presidios tengo,
                        y los que de los estados
                        del duque mi hermano espero,
                        humillarán la arrogancia
                        de aqueste amante soberbio.

(Vase Pinabel.)

Rodrigo   Si en vez del papel y tinta
                        que me dais sin merecerlo,
                        me concedéis, gran señora,
                        que escriba con el acero
                        hazañas, con que os sirváis,
                        con vuestra licencia trueco
                        la plaza de secretario

por la de soldado vuestro.

Condesa   Secretario y capitán
podéis ser. Venid, tratemos
lo que importa en este caso,
porque sepa el Conde necio
que si en la constancia imito
a la viuda de Siqueo,
en fortaleza la igualo.

(Vase la Condesa con su acompañamiento.)

Rodrigo   ¿Hay tal mujer? ¿hay tal cielo?

Chinchilla   ¿Qué te parece?

Rodrigo   Un milagro,
y entre crepúsculos negros
de aquel luto, me parece
un Sol que está amaneciendo.

Chinchilla   ¡Hate enamorado ya!

Rodrigo   ¿Tengo yo merecimientos
para tal ángel?

Chinchilla   Patudo.
¿Y Clavela?

Rodrigo   En ese empleo
me ocuparé, que es mi igual.

Chinchilla   ¡Bueno ha estado el embeleco
con que a Pinabel burlaste!

Rodrigo	El amor es todo enredos.
Chinchilla	Vamos, señor secretario.
Rodrigo	Si me fía sus secretos, mil veces dichoso yo.
Chinchilla	Chamuscado te has al fuego de la viuda.
Rodrigo	Así es verdad.
Chinchilla	Parecerás pie de puerco.
Rodrigo	¿Por qué?
Chinchilla	Porque se chamusca.
Rodrigo	¡Ay viuda hermosa!
Chinchilla	¡Ay babero!

Fin de la primera jornada

Jornada segunda

(Sale la Condesa.)

Condesa
Yo os prometí, mi libertad querida,
no cautivaros más, ni daros pena;
pero promesa en potestad ajena,
¿cómo puede obligar a ser cumplida?
    Quien promete no amar toda la vida,
y en la ocasión la voluntad enfrena,
seque el agua del mar, sume su arena,
los vientos pare, lo infinito mida.
    Hasta ahora con noble resistencia
las plumas corto a leves pensamientos,
por más que la Ocasión su vuelo ampare.
    Pupila soy de Amor. Sin su licencia
no pueden obligarme juramentos.
Perdonad, voluntad, si los quebrare.

(Sale Clavela sin ver a la Condesa.)

Clavela
Todas las veces que a mi hermano veo
tan discreto, apacible y cortesano,
se va la voluntad del pie a la mano,
y sale de su límite el deseo.
    Como hermano le quiero; mas no creo
que es bastante el amor, cuando es de hermano,
a dormir tarde, a despertar temprano,
ni a ver cuál con sus ojos me recreo.
    Decid vos la verdad, desnudo ciego;
que aunque en amor de hermano no hay cautela;
me dan que sospechar tantos desvelos.
    «La sangre hierve —me diréis—, sin fuego.»
Sí; pero amor de hermano no desvela,

	y cuando desvelara, no da celos.
Condesa	Clavela.
Clavela	Señora mía.

Condesa	Despues que en mi casa estás,
	y con tu presencia das
	tregua a mi melancolía,
	    cuanto tú más la deshaces,
	más la aumentan mis cuidados,
	que en esta guerra engendrados,
	no admiten medios de paces.
	    Ninguna cosa me agrada.

Clavela	No fueras tú tan prudente a no tener al presente pena de verte cercada.

Condesa (Aparte.)	(¡No lo estuviera yo más
	de alterados pensamientos,
	que, todos atrevimientos,
	no vuelven un paso atrás!)
	    Sentémonos aquí un rato,
	pues contra agravios del Sol
	nos sirve de quitasol
	el compuesto y verde ornato
	    de estos jazmines y nuezas,
	que con apacibles lazos
	traen estos muros en brazos,
	formando calles y piezas.

Clavela	En aqueste cenador hay sillas.

Condesa	Siéntate en una.
Clavela	No hagas a mi fortuna, señora, tanto favor. En el suelo estaré bien.
Condesa	Gocemos de la llaneza que alborota la grandeza de palacio. No nos ven criados que nos murmuren. Siéntate, Clavela, aquí.
Clavela	Aunque no hay partes en mí que esta merced aseguren, por servirte, te obedezco.

(Siéntanse. Clavela se sienta en el suelo.)

Condesa	¿Quieres bien a Pinabel?
Clavela	Si he de tener dueño en él, y por tu mano merezco darle título de esposo, cuando impedimentos quite mi hermano que los permite, quererle bien es forzoso.
Condesa	¿Forzoso dices? Amor no es perfeto, si es forzado. Si anduviera Amor armado, llevárase por rigor. Desnudo nos da señales que quien le ha de conquistar,

Clavela, ha de pelear
con él con armas iguales.

Clavela   Si Casimiro advirtiera
aqueso, no te cercara.

Condesa   Es necio, pues no dudara
que Amor, que espera se altera
al ver espadas desnudas.

Clavela   Sí, porque es de la paz dueño.

Condesa   El ver a amor tan pequeño
materia ha dado a mis dudas;
porque siendo tan antiguo
cuanto ha que el mundo es amante,
ya pudiera ser gigante;
pero después que averiguo
que entra por la vista Amor,
y que tan pequeña puerta
la entrada hace más incierta,
cuanto es el que entra mayor,
no me causa espanto el ver
que a ser niño Amor se aplica;
pues se desnuda y achica,
Clavela, para caber
mejor, pequeño y desnudo,
por entrada tan estrecha.
Pues si el Conde se aprovecha
de las armas, cuando pudo
dejar marciales despojos,
y pide en la vista entrada,
no es bien que entre con la espada,
que me sacará los ojos.

Amor, Clavela, es ladrón.
Siempre se entra sin ruido,
y así del Conde atrevido
venganza me dará Otón,
    en quien miro, te prometo,
un gallardo capitán,
un cortesano galán,
un secretario discreto,
(Aparte.)   y un... (¿Dónde vais? Deteneos,
pensamientos mal nacidos,
que os arrojáis atrevidos
tras desbocados deseos,
    que os tienen de despeñar.)

Clavela   Por la parte que me cabe
de que vuexcelencia alabe
mi hermano; a poderla dar
    la corona de Alemaña,
honrándose en su cabeza,
aumentara su grandeza;
aunque después que de España
    vino Otón tan mejorado
en valor y cortesía,
discrecion y gallardía,
a merced con que le ha honrado
    vuexcelencia, la merece.

Condesa   Es muy sazonado Otón.
Muy buena conversación
(Aparte.)   tiene... (Y muy bien me parece.)
    Holgárame de saber
qué dama es la que entretiene
sus penas, por ver si tiene
tan buen gusto en escoger

59

como en lo demás.

Clavela   ¿Quién duda
que no querrá ser Otón
en la mejor perfección
imágen compuesta y muda?
   No creo que el pensamieato
tan divertido tendrá,
que algún tiempo no tendrá
para algún atrevimiento
   digno de tan buen sujeto;
pero Otón es tan callado,
que hasta ahora no ha pagado
censo a nadie su secreto.
   (Mucho se informa de Otón
la Condesa, y la eficacia
con que conserva su gracia,
unos lejos de afición
   descubre de cuando en cuando.
Celos, si sois adivinos,
sospechando desatinos,
la verdad vais apurando.)

Condesa (Aparte.)   (Mucho, Amor, manifestáis
mi fuego; pues sois su centro.
Alma, amad puertas adentro.
¿Para qué lo pregonáis?
   Pero sois fuego que apura
verdades contra el sosiego,
y diréis que nunca el fuego
supo profesar clausura.
   Divertir quiero a Clavela;
no sospeche que amo a Otón.)
Si en materia de afición

60

                        cursara el Conde la escuela
                        de cortesía, y dejara
                        las armas, pudiera ser
                        que mereciera vencer,
                        y mi rigor se ablandara;
                          que no me pareció mal
                        cuando desde las almenas,
                        dando vidas a sus penas,
                        del muro hizo tribunal.
                          Buen talle tiene.

Clavela (Aparte.)   (Eso sí.)
                        ¿Qué, tan bien te pareció?

Condesa   Después que el duque murió,
                        no casarme prometí;
                          pero esto de no tener
                        herederos...

Clavela   Deja achaques;
                        que cuando sin ellos saques
                        a luz tu amor, merecer
                          puede el Conde Casimiro
                        que digas te ha desvelado
                        más de una vez, y que has dado
                        por él más de algún suspiro.

Condesa   No tanto.

Clavela   ¿Por qué razón?
                        ¿Hay más gallardo sujeto,
                        más valiente, mas discreto?

Condesa   Sí, Clavela.

Clavela   ¿Quién!

Condesa   Otón.

Clavela (Aparte.)   ¿Otón más que el Conde? (¡Ay cielos!)

Condesa (Aparte.)   (Desvelos, ¿queréis callar?
                      ¿Qué? ¿No os puedo refrenar?)

Clavela (Aparte.)   (Despertad otra vez, celos.)

Condesa   Si ello va a decir verdad,
                  bien quiero al Conde, Clavela.
                  Lo demás todo es cautela.
                  Yo le tengo voluntad,
                       y si desdén he finjido
                  es porque el Conde en rigor
                  no diga, pudiendo Amor,
                  que Marte me dio marido.
                       Esto solo me hace esquiva,
                  pues si me viene a vencer,
                  no me tendrá por mujer
                  sino solo por cautiva.
                       Por esto deseo que Otón
                  le venza y traiga a mis ojos,
                  y entre soberbios despojos
                  humille su presunción.
                       Podrá ser que entonces pruebe
                  dichas, que ahora no es justo;
                  porque agradezca a mi gusto
                  lo que a sus armas no debe.
                       Esto es verdad, en rigor.

62

Clavela	Tu deseo veas cumplido.
Condesa	No piense, si no es vencido, verse el Conde vencedor.
Clavela (Aparte.)	(Alguna satisfacción tenéis ya, niño tirano. ¡Que me dé celos mi hermano!)
Condesa (Aparte.)	(¡Que quiera yo bien a Otón!)

(Suenan cajas. Salen soldados, Liberio, Chinchilla, y detrás con bastón, don Rodrigo.)

Rodrigo	Ya el Conde Casimiro ha levantado el cerco, excelentísima señora, no voluntariamente, mas forzado de vuestra suerte, siempre vencedora. La vuelta da a su tierra, castigado como merece, quien os cercó ahora de armas, mereciendo esa belleza cercos de oro que ciñan la cabeza. El deseo que anima mi ventura para que os sirva ardides me ha ofrecido con que rendir al Conde, que procura esposa conquistada, amor vencido. Salí amparado de la noche oscura, que apadrina al amante prevenido, y a la puerta que el mar combate a besos mil hombres embarqué, diez tiros gruesos. Fue Pinabel su capitan valiente, si cortesano en paz, diestro en la guerra; y alargándose al mar circularmente dos millas de distancia, saltó en tierra.

Sacó las piezas luego, echó la gente
y por las faldas de una cana sierra,
marchó hacia el campo, las banderas bajas,
sin dar licencia a vocingleras cajas.
    Un hora antes que el alba pise flores
llegó a vista del campo, a quien incita
el sueño con quiméricos vapores;
y como Gedeón al madianita,
al son de las trompetas y atambores
«Viva Diana, la condesa», grita,
escupiendo las piezas de campaña
pelotas para chazas de esta hazaña.
    El campo cercador y ya cercado,
de Casimiro, digo yo, despierto,
que no duerme el amante descuidado,
con más voces y gritos que concierto
a la defensa acude alborotado,
que para más temor, tuvo por cierto
que el duque vuestro hermano a socoreros
venía, dando acero a sus aceros.
    Yo entonces, que aguardaba prevenido
en la ciudad el venturoso efeto,
abro las puertas, la campaña mido,
y al enemigo ejército acometo.
De franjas de oro guarnecía el vestido
a Flora hermosa el dios pastor de Admeto
cuando entre sangre, muertos y alboroto
vio el Conde, no su amor, su campo roto.
    En fin huyó, dejándose a los ojos
del mismo Sol, cubierta la campaña
de muertos, de banderas, de despojos,
testigos nobles de esta ilustre hazaña.
Así el Amor castiga los enojos
que el Conde os dio, quedando en Alemaña

publicando la fama sus delitos;
que también tiene Amor sus sambenitos.

Condesa   Otón, a vuestros hechos inmortales
la fama ofrezca plumas y pinceles,
si para celebrarlos son iguales
versos de Homero, imágenes de Apeles;
que cívicas coronas y murales,
de grama, de oro, robles y laureles
ya bastan a premiar vuestra persona
si mis brazos no os sirven de corona.

(Abrázale.) (Aparte.)   (¡Ay amor! Deteneos, que los lazos
rompéis del alma, donde os tuve preso.)

Rodrigo   Si mi cuello coronan vuestros brazos,
los premias, las coronas intereso
de la triunfante Roma. Estos abrazos
¿qué triunfos no aventajan?

Clavela (Aparte.)   (Pierdo el seso,
celos rabiosos. ¡Nunca Otón viniera,
si en daño mío tal favor espera!)

Rodrigo   A Pinabel se debe, gran señora,
esta vitoria.

Condesa   Ya yo sé que tengo
en él un gran vasallo, y desde ahora
premios de amor que goce le prevengo.
Pues a Clavela por esposa adora,
ella le premie.

Pinabel   A suplicaros vengo
que a su hermano mandéis que acorte plazos,

pues no quiero más premio que sus brazos.

Condesa   Alcaide de Albareal quiero que sea
                        Pinabel desde hoy.

Pinabel   ¡Mercedes tantas,
                        gran señora!

Condesa   A Clavela doy la aldea,
                        en dote, de Belflor.

Clavela   Ya te adelantas
(Aparte.)   a Cleopatra magnífica. (No vea
                        mi amor en su poder, estrellas santas,
                        Pinabel en su vida, o de la mía
                        el curso corte en flor la muerte fría.)

Condesa   Liberio, que tal hijo nos ha dado
                        para defensa nuestra y honra suya,
                        será gobernador de mi condado,
                        porque en sus canas su valor se arguya.

Liberio   Con que él os sirva a vos quedo yo honrado;
                        su dicha a vuestra fama se atribuya.

Condesa   Y a vos, que de valor sois un trasunto,
                        os quiero yo pagar, Otón, por junto.
(Aparte.)   Pensando estoy qué os dar. (¡Ay, quién pudiera
                        hacerle de mí misma eterno dueño!)

Rodrigo   Del Sol hermoso la dorada esfera,
                        no os sirviendo, será premio pequeño.

Condesa   (Quiero huir de mí misma; que ligera,

por los ojos el alma ardiente enseño.)
Venid, porque Momblán, Otón, os goce
pues por su defensor os reconoce.

Chinchilla   ¿Pues cómo? ¿De Chinchilla no hay más cuenta
que en esta guerra desplumó la fama?

Condesa   ¿Pues qué habéis hecho vos?

Chinchilla   Eso me afrenta.
Quité ayer los cordeles a mi cama,
y juntando seis mil ciento y sesenta
chinches que, como celos y quien ama
pican, marchando fui —¡gran maravilla!—
con tanta chinche, el capitán Chinchilla.
    Ellas y yo vencimos, y quisiera,
que en premio de ser yo tan gran soldado,
me hiciera vuexcelencia...

Condesa   ¿Qué?

Chinchilla   Me hiciera
tabernero mayor de este condado.

Rodrigo   Necio, véte de ahí.

Condesa (Aparte.)   (¡Ay! ¡Quién pudiera,
Otón, hacerte Conde! ¡Que a un criado
tenga yo amor! El verle me enloquece.
Mas es bizarro Otón. Bien lo merece.)

(Vanse todos, menos don Rodrigo y Chinchilla.)

Rodrigo   ¡Ay Chinchilla! Si en los ojos

el Amor su idioma tiene,
y a quien a mirarlos viene
habla regalos o enojos,
    y en las amorosas dudas
son sus niñas hechiceras
cuando callan más parleras
porque hablan por señas mudas,
    ya la condesa Diana,
leyendo sus ojos bellos,
me ha dicho cosas por ellos
divinas. No hay lengua humana
    tan discreta y elegante,
aunque a la de Tulio exceda,
que en un año decir pueda
lo que ellos en un instante.
    ¡Qué de cosas me ha advertido!
¡Qué de regalos me ha hecho!
¡Qué bien me mostró su pecho!
¡Qué bien me ha favorecido!
    Loco estoy.

Chinchilla   Mira que son
quimeras todas y antojos.

Rodrigo   Si hay retórica en los ojos
con colores de afición,
    yo sé bien que no me engaño.
Lenguaje es éste de amor.

Chinchilla   Basta, que eres Galaor.
Bien habrás mudado ogaño
    cien damas. ¿Qué yerbas pisas!
¿Quién te ha vuelto camaleón?
En un año ciento son

68

aun muchas para camisas.
¿No te estaba bien Clavela,
mujer rica y principal,
en sangre y amor tu igual?
Que en sabiendo la cautela
con que finges ser su hermano,
y que eres, en vez de Otón,
un castellano Girón,
del de Osuna el más cercano,
mienta yo, si no imagino
que olvidando a Pinabel,
te hiciera dueño en vez de él
de su talle peregrino.
Vuelve a casa, pan perdido,
Clavela te está mejor.

Rodrigo

No menosprecio su amor,
pues que tengo entretenido
a Pinabel. Mientras sé
si me tiene voluntad
la soberana beldad
de la condesa, podré
contemporizar, Chinchilla,
con Clavela.

Chinchilla

¡Plegue a Dios
que no volvamos los dos
trasquilados a Castilla.
Ya es de noche.

Rodrigo

No es posible
que pueda dormir quien ama.
Al terrero de mi dama,
no en la cama aborrecible,

me tiene de amanecer.
Dame otra capa y sombrero.

Chinchilla   No quieres cenar primero?

Rodrigo   No, Chinchilla.

Chinchilla   ¿Sin comer
amas? ¡Lindo desvarío!
Tú te pondrás pronto flaco,
porque sin Ceres ni Baco
dicen que Amor tiene frío.

(Vanse los dos. Salen Casimiro y Floro.)

Casimiro   Floro, en vano me aconsejas.
Si a la muerte de un rigor
estoy, ¿no será mejor
morir delante estas rejas?
Oiga este muro mis quejas,
pues aquestas piedras frías
a mis malogrados días
obsequias haciendo están.
Quizá las ablandarán
las tristes lágrimas mías.

Floro   Refrena el atrevimiento
Con que en las manos te pones
De Diana.

Casimiro   En sus prisiones
moriré, Floro, contento.
Entre estas piedras intento
escoger sepulcro igual

a mis penas, Floro leal,
para que mi ingrata bella
conozca que si no en ella,
en piedras hacen señal.
    Palma ingrata, cuyo fruto
no goza el dueño en su vida,
¿por qué, si sois homicida,
dando muerte os ponéis luto?
¿Por qué no pagáis tributo
a Amor, cuyo tribunal
tiene imperio universal?
¿Cómo puede, ingrata, ser
que tenga en todos poder,
y en vos nunca, por mi mal?

(Sale Clavela, a una ventana del palacio sin ver a nadie.)

Clavela   En vano, locos desvelos,
                        prueba a dormir mi temor;
                        que no tiene mucho amor
                        quien puede dormir con celos.
                        ¡Que me hayan dado los cielos
                        un mal con pensión tan fiera,
                        que aunque sin remedio muera,
                        no me consientan hablar
                        a quien me pueda quejar
                        que estoy enferma siquiera!
                            Mi hermano me tiene loca
                        de amor y celos. ¿No es mengua,
                        Amor, que os ate la lengua,
                        y os tape el temor la boca?
                        Quejándose, el fuego apoca
                        de la fiera calentura
                        el enfermo que procura

sanar; mas —¡ay suerte avara!—
que mal que no se declara,
difícilmente se cura.
    ¿Con qué cara será justo
que me atreva a declarar
con mi hermano? No ha lugar.
Pensarlo me causa susto.
               [-usto]
¿Es bien pagar tal pensión,
mi ciega y nueva pasión?
Decidle vosotros, ojos,
la causa de mis enojos;
que la lengua no es razón.

Casimiro   Los acentos de unas quejas
oigo, Floro, a una ventana
del palacio de Diana.

Floro   Suyas son aquellas rejas.
    Quejaráse desvelada
entre sus damas alguna
contra el amor y fortuna,
o celosa, o desdeñada.

Casimiro   Pues déjamela escuchar
que si desdichas ajenas
disminuyen propias penas,
los dos podrémos llorar
    a versos la tiranía
de este amor, que puede tanto;
que hasta en la pena y el llanto
consuela la compañía.

Clavela (Aparte.)   (Hablar siento en el terrero.

72

Saltos me da el corazón.
¿Si adivina que es Otón,
y muere del mal que muero?
   La condesa le ha mirado
con tan eficaz afeto,
que si al paso que es discreto,
es Otón considerado,
   ya habrá su amor conocido;
y no pienso yo de Otón
que perderá la ocasión,
favorable al atrevido.
   ¿Si le quiere bien? Querrá,
y tras querer bien, ¿quién duda
que amante al terrero acuda
si ya entre los dos no está
   concertado que a estas horas
la venga a este puesto a hablar?
Mi mal quiero averiguar.
¡Ay sospechas embaidoras!
   Caminante que anda a oscuras,
astrólogo que experiencias
conoce por consecuencias,
médico por conjeturas,
   en vano pienso que trazo
averiguar mis desvelos;
que de ordinario los celos
ven por tela de cedazo.)

(Sale don Rodrigo, de noche, hablando con su criado Chinchilla sin reparar
en nadie.)

Rodrigo   Chinchilla, aguárdame aquí.

Chinchilla   ¿Con qué brasero a los pies?

¿Piensas tú que Flandes es
Madrid o Sevilla? Di.
En mayo estamos, y nieva
como por la Candelaria.

Rodrigo   ¿Siempre has de ser de contraria
opinión?

Chinchilla   Párate y prueba.
¿Tú no ves con cuánta prisa
el cielo a la tierra llana,
porque es domingo mañana,
la está vistiendo camisa?
   Los hielos ¿no te congojan,
ni el ver que aquí a todas horas
son las nubes cardadoras?
Mira los copos que arrojan.
   Mira asomar, por gateras
de nubes despedazadas,
estrellas, de puro heladas,
temblando. ¿No consideras
   tú cuál están, señor mío?
Pues cree que aunque estrellas sean,
parece que centellean,
y es que tiritan de frío.

Rodrigo   Gente ha venido al terrero.
¡Válgame Dios! ¿Quién será?

(Floro habla aparte con el Conde Casimiro.)

Floro   Rondantes tenemos ya.

Casimiro   Apártate aquí, que quiero

74

saber, Floro, si la dama
que se quejaba le espera
y quién es él.

Floro   Considera,
señor, que a la puerta llama
del alba el Sol.

Casimiro   No amanece.
¿No dejaste el barco atado?

Floro   Junto a este muro bañado
del mar, que besos le ofrece.

Casimiro   Déjame ahora, que presto,
dando los remos al mar,
nos pueden asegurar;

(Apártanse a un lado.)

Rodrigo   Despejado me han el puesto.
No les debe de importar
este sitio lo que a mí.

Clavela   ¡Ay, si fuese Otón!

Rodrigo (Aparte.)   (Yo oí
de una reja a Otón nombrar.
¡Cielos! ¿Hay dicha mayor?)

Chinchilla   (¡Pese a los hielos judíos!
¡Tiritando con dos fríos,
de la nieve y del temor!
¡Y alcahuete centinela!

75

(Paséase.)   Eso sí; pasear y dalle,
por no pasmarme en la calle,
pues no he cenado cazuela.)

Rodrigo (Aparte.)   (¿Qué dudo? ¿No puede ser
que sea la condesa? ¡No!
¿Si me quiere? ¿Qué sé yo?
¿No soy hombre? ¿No es mujer?
Llego.) ¡Ah de arriba!

Clavela   ¿Quién llama?

Rodrigo   Otón que ausente merece
que de él se acuerden.

Clavela (Aparte.)   (Parece
que es mi hermano.)

Rodrigo (Aparte.)   (¿Si es mi dama?)

Clavela   ¿Sois vos, Otón?

Rodrigo   Sí señora.
Vos ¿quién sois?

Clavela   Mirad primero
qué gente está en el terrero.

Rodrigo   Dos estaban aquí ahora;
pero o se fueron, o yo
con la mucha oscuridad
no alcanzo a verlos.

Clavela   Llegad

más cerca.

Rodrigo   ¿Que mereció
                          esta suerte mi ventura?
                          ¿Que esto mi amor interesa?
(Aparte.)   (Sin duda que es la condesa.)

Clavela   ¡Cómo! ¿En noche tan oscura,
                          rondando vos? Mucho gana
                          conmigo vuestra opinión.
                          Buen amante hacéis, Otón

Rodrigo   En palacios de Diana,
                          nunca falta luz, señora.

Clavela   Agora no hay luz ninguna;
                          que está enlutada la Luna
                          por el Sol que muerto llora.

Rodrigo   ¡Ay! ¡Quién pudiera enjugar
                          sus lágrimas!

Clavela   ¿Vuestra dama
                          tan pocas por vos derrama,
                          que os deseáis ocupar
                              así en lágrimas ajenas?

Rodrigo   A merecer yo saber
                          quién sois vos, pudiera ser
                          que os declararan mis penas
                              si son ajenas o no
                          las lágrimas que deseo
                          enjugar.

Clavela   A lo que veo,
la dama le os mereció,
es dama de la condesa.

Rodrigo   Tan su querida, que alcanza
harto más que mi esperanza.

Clavela   Si queréis que en esta empresa
os sirva yo de tercera...

Rodrigo   No admite de su favor
tercero el juego de Amor;
pero para que no muera
del deseo que me abrasa,
queréisme vos declarar
¿quién sois?

Clavela   No os ha de importar.
Una dueña de su casa.

Rodrigo   Dueña, porque la señora
sois de esta casa.

Clavela   Eso no.

Rodrigo   ¡Pluguiera a Dios, como yo
os conozco a vos ahora,
quisiésedes conocer
vos un pecho agradecido!

Clavela   ¡Qué mal me habéis conocido!
La condesa no es mujer
que a tal hora había de estar
en ventanas del terrero,

siendo viuda.

Rodrigo   Yo no quiero
la ocasión averiguar;
pero a veces el león
huye cuando no le ven;
y la condesa también
conservará su opinión
en público; pero a solas,
¿qué perderá porque aquí
se divierta?

Clavela   ¿Hácenlo así
las viudas españolas?

Rodrigo   Españolas y alemanas.
¿Queréis no hacerme penar?

Clavela   Pues ¿habíaos yo de hablar
de noche por las ventanas,
si la que vos pensáis fuera?

Rodrigo   Y aun por ver que lo negáis,
más mi sospecha aumentáis.

Clavela   Ahora bien, Otón, no quiera
el cielo que a quien me ha dado
vitoria y libertad hoy,
tenga suspenso. Yo soy
la condesa de este estado.

(Casimiro habla aparte con Floro.)

Casimiro   ¡Ay, Floro! ¿No escuchas esto?

Sin duda tiene afición
la ingrata condesa a Otón.
Él me ha vencido, él me ha puesto
    en este estado. ¿Será
justo que le demos muerte?

Floro   Señor, tu peligro advierte.

Casimiro   No hay temer peligros ya.
                            Con las alas del batel
                         volveremos por el mar.
                         La noche nos da lugar,
                         y prisa el odio cruel
                            que a Otón tengo.

Floro   Espera un poco.
                         Satisfácete primero
                         de a quién ama.

Casimiro   Si eso espero,
                         fuerza será el verme loco.

Rodrigo   No en balde el alma adivina,
                         contra la sospecha vana,
                         hermosísima Diana,
                         conoció la luz divina
                            que eclipsa el funesto luto
                         que traéis.

Clavela   Nuevos cuidados,
                         para el sosiego pesados,
                         han usurpado el tributo
                            que al descanso paga el sueño.
                         No puedo pegar los ojos.

Rodrigo	¡Ay! ¿Quién de aquesos enojos supiera quién es el dueño? ¿Queréis decírmelo a mí?
Clavela	Vos la ocasión de mi bien sois, y de mi mal también.
Casimiro (Aparte.)	(¿Esto escucho?)
Rodrigo	¿Cómo así?
Clavela	De mi bien, porque vencido habéis al Conde, que a amor quiere obligar con rigor, sabiendo que el bien nacido con alhagos y blandura se deja mejor llevar; de mi mal, porque el pesar que al Conde distes procura desvelarme como veis.
Rodrigo	¿Pesar del Conde os desvela?
Clavela	Con vos no ha de haber cautela; y pues ya lo más sabéis, ¿veis el aborrecimiento que al Conde he mostrado, Otón? ¿Veis que arriesgo mi opinión, huyendo mi casamiento, rebelde, por resistir las armas con que pretende el amor con que me ofende? Pues más hago en reprimir

desvelos que han de vencer
al cabo.

Casimiro (Aparte.)   (¡Ay, piadosos cielos!
¿Esto es verdad?)

Rodrigo (Aparte.)   (¡Viles celos!
¿Esto venimos a ver
 y me dejáis con la vida?
¡Ay esperanza engañada,
tan despacio conservada,
y tan aprisa perdida!)
      Pues si queréis bien al Conde,
y su valor y grandeza
con vuestro estado y riqueza
igualmente corresponde,
      señora, y el duque Arnesto,
vuestro hermano, os ha pedido
que le admitáis por marido
siendo el medio tan honesto,
      ¿por qué le habéis despreciado,
y vuestro rigor le ofende?

Clavela   Porque por armas pretende
lo que se ha de hacer de grado.
      Amor se cobra por plazos,
como censo, por desvelos,
suspiros, penas, recelos,
pero no a fuerza de brazos;
      que es dios, y ha de poder más.
Si el Conde querer supiera,
menos armado viniera;
que no se rindió jamás
      Cupido a Marte, y es loco

82

quien inquieta su sosiego;
que Amor, del modo que el fuego
se introduce poco a poco.
    A fe que si por despojos
de vuestra vitoria, Otón,
en prueba de su afición,
trujérades a mis ojos
    al Conde preso y rendido,
que sospecho de mi amor
que viéndose vencedor,
se sujetara al vencido.
    ¡Ay Otón! Si en lugar vuestro
el Conde me oyese...

(Habla Casimiro aparte con Floro.)

Casimiro   Floro,
¿diré a voces que la adoro?
¿Daré del gozo que muestro
    señales? ¿Diré quién soy?

Floro   Calla.

Casimiro   ¿Qué espero? ¿Qué aguardo?

Clavela   ¿Hay príncipe mas gallardo
que el Conde en el mundo hoy?
    Del imperio es eletor,
y pretendiente también.

Rodrigo   En fin, vos le queréis bien,
que es la ventura mayor.
(Aparte.)   (¡Ay de mí!)

Chinchilla (Aparte.)　　　　　　(¡Que el cielo esté
echando chuzos aquí,
y se estén los dos así,
sin por qué ni para qué!
　　Maldiga Dios tal paciencia.
Aquesto va muy despacio;
alborotar a palacio
quiero, fingiendo pendencia.
　　Meto mano.)

(A voces, dando cuchilladas al viento.)

　　　　　　　　　　¡Perro, advierte
que es de Chinchilla esta espada.
Muere. De esta cuchillada,
le espeto. ¡Ay! Dile la muerte.

Clavela　　　　　　¿Qué ruido es este? ¡Ay cielos!

Chinchilla　　　　　Muera.

(Vase Chinchilla.)

Clavela　　　　　　　Otón, mirad por vos,
y guardad secreto.

Rodrigo　　　　　　　　　　　Adiós.

(Vase Rodrigo.)

Clavela　　　　　　Yo he dado gentiles celos
a Otón, y quizá por ellos
mudará de parecer;
que no querrá pretender

de Diana los ojos bellos,
compitiendo con el Conde;
mas ¿qué os aprovecha, Amor,
el ser vos enredador,
si un imposible os responde
que no puedo, aunque a mi hermano
adore, ser su mujer?
Mas diréis que queréis ser
el perro del hortelano.

(Quítase Clavela de la ventana.)

Casimiro   ¿De qué sirve el encubrirme?
¡Ah mi condesa! ¡Ah mi bien!
Luz esos ojos me den.
El Conde soy; a rendirme
vengo a esos pies. Yo fui necio
en pretender conquistaros
por armas. Con adoraros
por Sol de divino precio,
con veros no más, Diana,
pudiera alegre vivir
solo por mí sé decir
que fue cólera alemana.
Mas, mi bien, yo aguardaré
desde aquí, si he sido loco,
un año, un siglo, y es poco.

Floro   Aqueso sí; cansaté;
que una hora ha que se quitó
de la reja la condesa.

Casimiro   O muros, ¿cómo no os besa
quien en vosotros oyó

tal favor? ¡O rejas mías,
cera sois, no hierro duro!

Floro   Deja las rejas y el muro,
               y mira que desvarías.

Casimiro   Si la condesa ha propuesto,
               viéndome a sus pies rendido,
               darme el nombre de marido,
               volveréme al duque Arnesto,
                  y pediréle perdón,
               y cuando me le conceda,
               procuraré que interceda
               con la condesa. Razón
                  será que a los bellos pies
               de Diana humilde pida,
               o que me quite la vida,
               o lo que más cierto es,
                  me dé con Oberisel
               la gloria que merecí.

Floro   Quieres que nos vamos?

Casimiro   Sí.
               Desata, Floro, el batel.
                  ¿Que intenté con mano armada
               venceros, viuda constante?
               ¡Mal haya, amén, el amante
               que quiere mujer forzada!

(Vanse los dos. Salen Rodrigo, Chinchilla.)

Rodrigo   ¡Vive Dios! Si no mirara
               el amor que me has tenido

y lo mucho que te debo,
loco, necio, sin juicio,
que te cortara las piernas,
y sirvieras de castigo
y venganza a mis agravios.

Chinchilla   ¿Así se pagan servicios?
                    ¿Qué te he hecho?

Rodrigo   ¿Qué, cobarde?
                    Fingir, borracho o dormido,
                    cuando estoy con la condesa,
                    pendencias vanas.

Chinchilla   ¡Bonito
                    soy yo para fingimientos!
                    ¿Qué había de hacer, si vino
                    al encuentro...?

Rodrigo   ¿Quién, borracho?
                    Dilo presto.

Chinchilla   Vino el vino,
                    o un gigante con cien pies,
                    doce brazos, mil colmillos,
                    seis gaznates, diez quijadas,
                    un ojo, y tres colodrillos.
                    Díjome: «Suelta la capa».
                    Respondile yo: «Hace frío».
                    Diome una coz, y dejóme
                    la chinela en el ombligo;
                    eché mano...

Rodrigo   Calla, infame.

(Habla dentro Casimiro.)

Casimiro   Adiós, palacios propicios,
                 donde vive mi condesa;
                 que antes de un mes Casimiro
                 será su dichoso dueño.
                 Boga, Floro.

Rodrigo   ¡Ay Dios! ¿Qué he oído?
                 ¿Dijo «Casimiro»?

Chinchilla   Sí,
                 «Casimiro» la voz dijo.

Rodrigo   ¿Luego Casimiro ha estado
                 aquí?

Chinchilla   ¡Y cómo! Todo ha sido
                 encantamentos; que andan
                 estantiguas o estantiguos.

Rodrigo   Si vino a hablar la condesa,
                 llamado, el Conde atrevido?
                 Mas pues aquí le aguardaba,
                 llamado por ella vino.
                 ¡Oh altanera presunción!
                 ¡Qué presto por vos imito
                 a Luzbel en el caer
                 de la altivez de mí mismo!

(Sale la Condesa a la ventana.)

Condesa   (Voces oigo en el terrero,

y a esta ventana he sentido
hablando no sé yo a quién.
Desvelos y desatinos
engañan mi pensamiento.
¿Cómo, Amor, si os pintan niño
no dormís? ¿Cómo si viejo
tenéis de mozo los bríos?)

Rodrigo   Alto, pensamientos locos,
hagamos cuenta que ha sido
lo que por mí pasó, un sueño;
de la memoria os despido.
La condesa es muy discreta;
Casimiro, el Conde, digno
de su hermosura y estados.
Gócense años infinitos;
que a Clavela por hermosa,
por hija de un padre rico,
por discreta y principal,
desde aquí otra vez elijo.
¿Declararéle quien soy?
¡Ay cielos!

Condesa   (Entre suspiros
oigo quejas lastimadas,
aunque el por qué no percibo.
¿Quién será? ¡Válgame el cielo!)

Chinchilla   Escucha; que aun no se ha ido
tu dama de la ventana;
que la luz que por resquicios
de nubes nos da la Luna,
nos muestra lejos y visos
de una dama en embrión.

Rodrigo	¿Mi dama? ¿Qué dices?

Chinchilla	Digo que habemos de amanecer como besugos.

Rodrigo	Si es ido el Conde, ¿qué aguardará la condesa?

Chinchilla	Un romadizo.

(Don Rodrigo se acerca a la ventana y Chinchilla se arrima a una pared.)

Rodrigo	¡Ah de la reja!

Condesa	¿Quién llama?

Rodrigo	¿Cómo habéis desconocido a Otón, que ahora os hablaba? ¡Tanto rigor! ¡Tanto olvido!

Condesa (Aparte.)	(¿Otón aquí y a tal hora, y que hablaba en este sitio con dama de mi palacio? ¿Qué es aquesto, celos míos? Fingirme Clavela quiero. Amor, ¿tan en los principios, en celos vais dando de ojos? ¿Qué haré yo, pobre, que os sigo?)

Rodrigo	¿Ya, señora, no me habláis?

Condesa	Si no os hablo, hermano mío, es porque estoy enojada con vos, y mucho he sentido que con vuestras dilaciones Pinabel pierda el sentido, entre esperanzas dudosas. Perdonadme si esto os digo, que la vergüenza a la noche licencia, Otón, ha pedido.
Rodrigo	¡Cómo! ¿Pues sois vos Clavela!
Condesa	Clavela soy, que he venido a entretener esperanzas de quien padece el martirio de un año de noviciado, sin ser en amor novicio. Aquí a Pinabel espero.
Rodrigo	¿Queréisle mucho?
Condesa	Infinito; que es muy galán Pinabel, muy discreto y bien nacido.
Rodrigo	Alto, pues; si eso es así, desde aqneste lugar mismo me parto, por desdichado, al desierto del olvido; mas porque sepáis primero las desgracias que han seguido mi suerte desde la cuna, —¡Ojalá que hubiera sido mi sepulcro juntamente!—

yo no soy, verdad os digo,
no soy vuestro hermano Otón.

Condesa   ¿Cómo? ¿Estáis en vos?

Rodrigo   Perdido
estoy; mas esto es verdad.
Madrid, corte de Felipo,
Clavela, es mi patria ingrata,
y mi nombre don Rodrigo
Girón: de reyes desciendo,
no obstante que el cielo quiso
hacerme tan desdichado,
señora, cuan bien nacido.
Tengo un hermano mayor
con un mayorazgo rico,
de quien cobraba alimentos
muy cortos y muy reñidos.
Tratábame mal mi hermano;
sufríle mil desatinos,
por ser menor y más pobre;
mas como no es infinito
el sufrimiento en un hombre,
acabóse en fin el mío.
Descompúsose una vez
demasiado; reñimos,
sin ser bastantes terceros;
con que dejándole herido,
fue fuerza salir de España,
pobre y desapercebido.
Vine a Flandes confiado
en cartas de deudos míos
para el archiduque Alberto.
Llegué a Momblán de camino.

Tuvístesme por Otón,
que si me es tan parecido
en desdichas como en cuerpo,
poco su fortuna envidio.
Porfiastes de manera,
Liberio que era su hijo
y vos que era vuestro hermano,
que obligado y persuadido
de porfías y pobrezas,
la necesidad me hizo
contemporizar con todos.
Yo, Clavela, os he querido
de modo, que he dilatado
la boda, como habéis visto,
de Pinabel, siendo yo
aquel caballero mismo
que fingí esperar de España.
Bien que intentos atrevidos
me prometieron quimeras,
que por serlo, no las digo.
Pero pues a Pinabel
amáis, como me habeis dicho,
y yo que soy caballero,
engañaros no permito,
a España quiero volverme;
que si en ella y aquí he sido
desdichado, mal por mal,
moriré entre mis amigos.
Adiós, mi fingida hermana.

Condesa (Aparte.)   Esperad. (¡Cielos benignos!
Detenédmele.) No os vais;
que ya seáis don Rodrigo,
como decís, o ya Otón,

con juramento os afirmo
de no amar aPinabel;
antes si sé y averiguo
que no soy hermana vuestra
os daré de esposo mío
mano y palabra, a pesar
de desdichas y peligros.

Rodrigo   Clavela, ¿será esto cierto!

Condesa   Como el volar sucesivo
el tiempo; como el correr
para su centro los ríos.

Rodrigo   Pues, querida esposa, adiós.

Condesa   Adiós, esposo querido.
Fingid que sois vos mi hermano.

Rodrigo   Solo en amaros no finjo.

Condesa (Aparte.)   (Porque no se me ausentase,
quimeras le he prometido,
que no cumplirá Clavela,
si yo puedo.)

Rodrigo   Dueño mío,
adiós.

Condesa   Adiós, mi español.
(Aparte.)   (Amor, de este laberinto
me sacad.)

Rodrigo   Chinchilla, vamos.

Chinchilla	Por Dios, que me había dormido.
	Fin de la segunda jornada

Jornada tercera

(Salen la Condesa y Clavela.)

Clavela   Mucho madrugas.

Condesa   Clavela,
                        tengo bastante ocasión.

Clavela (Aparte.)   (Si es la que el alma recela,
                        cuidados serán de Otón,
                        que a mí también me desvela.)

Condesa   ¿Qué dices?

Clavela   Que Pinabel,
                        en cuya ausencia suspiro,
                        es con mi sueño cruel,
                        como tú con Casimiro.

Condesa   Hoy te has de casar con él.

Clavela   ¿Cómo, señora?

Condesa   No es justo
                        que Otón haga tanto daño
                        a la esperanza y al gusto,
                        que quiera que aguarde un año,
                        conociendo tú el disgusto
                          que causa su dilación.
                        Esto pide Pinabel.

Clavela   Sí; mas mira...

Condesa   No es razón
que cuando tú seas Raquel,
quiera ser Labán Otón,
    de un Jacob enamorado;
pues ni hay Lía ni paciencia,
ni es Otón suegro pesado;
aunque poca diferencia
irá de un suegro a un cuñado.
    Yo he conocido el pesar
que a ti también te atormenta,
y acabas de confesar
y, pues corre por mi cuenta,
hoy te le pienso aliviar.

Clavela   Sí; mas ¿la palabra dada
a don Rodrigo Girón...?

Condesa   ¡Oh, lo que pecas de honrada!
En viniendo, dirá Otón
que fuiste por mí forzada
    a casarte. ¿Dónde vas?

Clavela   Voy a traerte los guantes.

Condesa   Hoy la mano le darás.

Clavela   (Daréla a la muerte antes.
Clavela, a morir. No hay más.)

(Vase Clavela.)

Condesa   ¡Que no ha de bastar valor
para resistir desvelos!
Pero entre espinas de celos,

98

¿Cuándo sosegó el Amor?
Quiero dormir, y es peor
pues si goza mi cuidado,
durmiendo, el sabroso estado
que intenta mi atrevimiento,
despierto, y da más tormento
el bien después de soñado.
     Que con fuerza tan extraña
¿qué español me avergüence?
Pero ¿qué no rinde y vence
la gala y valor de España?
Si con una ilustre hazaña
no volvéis por vos, honor,
decidle a vuestro temor
que os ha un español rendido;
pues es honra del vencido
la opinión del vencedor.
     ¿No es noble el español? Sí;
mas —¡ay esperanza necia!—
quien a un príncipe desprecia,
¿se rinde a un vasallo así!
Yo me acuerdo que leí
que con ánimo constante,
a un leon, a un elefante
rinde un pequeño animal.
Venza, pues, con honra igual
a un loco Conde mi amante.

(Sale don Rodrigo.)

Rodrigo   A que firme las libranzas
                   que me mandó vuexcelencia,
                   he venido a su presencia.
(Aparte.)   (¡Ay difuntas esperanzas!)

Condesa	¿Libranzas traéis Otón?
(Aparte.)	(¡Ojalá en ellas hallara
	libranza yo, que librara
	mi afligido corazón!)
	¿Cómo venís tan temprano?
Rodrigo	Porque me han dicho, señora,
	que por imitar la aurora,
	al Sol ganastes de mano,
	levantándoos antes que él.
Condesa	Otón, no puedo dormir.
Rodrigo	Tenéis mucho que advertir;
	que el regir a Oberisel,
	no da cuidado pequeño.
(Aparte.)	(Un mal tenemos los dos.)
Condesa	Dadme algún remedio vos,
	si le sabéis, para el sueño.
Rodrigo	No le hay para esas ojeras,
	si no es que le dén los cielos,
	porque no dan sueño a celos
	jarabes de adormideras.
Condesa	¿Celos yo?
Rodrigo	Quien tiene amor,
	mal sin celos vivirá.
	Como el Conde ausente está,
	venturoso sucesor
	del duque, harán lo que suelen

los celos, que en los amores
pintan con falsos colores
pensamientos que desvelen
 la mas segura lealtad;
porque celos entre amantes
son como los caminantes,
que pocos cuentan verdad.

Condesa (Aparte.)　　(Clavela le habrá contado
que amo al Conde Casimiro.)
Otón, según lo que miro,
vos estáis escarmentado
 del mal de los celos fiero.

Rodrigo　　　　　　¿Yo celos, señora mía?

Condesa　　　　　　¿Qué sirve callar de día
lo que de noche el terrero
 sabe, y vos decía en él?

Rodrigo　　　　　　　¿Celos yo? No sé hasta aquí
de quien los tenga.

Condesa　　　　　　　　　　Yo sí.

Rodrigo　　　　　　¿Vos? ¿De quién?

Condesa　　　　　　　　　　De Pinabel.

Rodrigo　　　　　　¿No es amante de mi hermana?
¿Qué celos me puede dar?

Condesa　　　　　　No lleguemos a apurar
más verdades; que no es vana

	aquesta imaginación, aunque vívais con cautela.
Rodrigo (Aparte.)	(¿Mas qué le ha dicho Clavela que no soy su hermano Otón?)
Condesa	Mañana se han de casar ella y Pinabel, sin falta.
Rodrigo	¿Y si mi palabra falta?
Condesa	Por mí, no importa faltar una palabra.
Rodrigo	Hela dado a don Rodrigo Girón, caballero de opinión, y a quien estoy obligado.
Condesa	Vos, ¿no gustáis que se haga, Otón, este casamiento?
Rodrigo	Quitando este impedimento, justo es que se satisfaga a Pinabel, que es mi amigo.
Condesa	Pues si gustáis, Otón, vos de que se casen los dos, también gusta don Rodrigo.

(Sale Clavela, con unos guantes en un salvilla.)

Clavela (Aparte.)	(¡Tan de mañana mi hermano con la condesa!)

Condesa	¿Qué es eso?
Clavela (Aparte.)	Los guantes son. (Pierdo el seso.)
Condesa	Salte allá fuera.
Clavela	(¡Qué en vano entre mis sospechas temo ¡Ay ciego y desnudo dios!)

(Da los guantes a la Condesa y se retira. La Condesa se calza los guantes.)

Condesa	Mucho me espanto de vos Otón, que siendo el extremo de cortesía, no hayáis en los ojos de una dama, que sé yo que os quiere y ama, visto lo que si estimáis, os ha de estar mas a cuento que el amor que pena os da.
Rodrigo	Señora, de ayer acá me ha mandado un pensamiento que no dé crédito a ojos.
Condesa	¿Por qué?
Rodrigo	Porque prometieron lo que despúes no cumplieron, dando principios a enojos, y mentir quien ama es mengua.
Condesa	Pues vos ¿cómo habéis sabido

que esos ojos han mentido?

Rodrigo   Porque lo dijo la lengua.

Condesa   No tengo por discreción
dar a la lengua más fe
que a los ojos, pues se ve
por ellos el corazón.
    Vos tenéis poca experiencia
en ciencia de ojos.

Rodrigo   Sí tengo,
gran señora, pues que vengo
a saber por experiencia
    lo que al Conde Casimiro
amáis.

Condesa   ¿En mis ojos?

Rodrigo   Sí,
en ellos su dicha vi.
(Aparte.)   (Y en ellos mi muerte miro.)

Condesa   Alto; pues vos lo habéis visto,
al Conde debo de amar.
(Aparte.)   (No quiero más declarar
el ciego amor que resisto.)
    ¿No es galán el Conde, Otón?

Rodrigo   Pues a vuestro amor se iguala,
¿qué más dicha? ¿Qué más gala?

Condesa   Mudemos conversación.
    No paséis más adelante.

Rodrigo (Aparte.)   (¿Qué querrá decir por esto
                        la condesa?)

Condesa   No me he puesto
                        jamás tan estrecho guante.

Rodrigo (Aparte.)   (¡En qué nueva confusión,
                        alma, volvemos a entrar!)

Condesa   No me le puedo calzar
                        calzádmele vos, Otón.

(Turbado.)

Rodrigo   ¿Yo, señora? Aqueso no;
                        que os burláis.

Condesa   Acabad, necio,
                        que es el cordobán muy recio,
                        y no tengo fuerzas yo.

Rodrigo   Pues tal dicha he merecido,
                        gozarla y serviros quiero.

(Llega turbado, y se le cae la capa y el sombrero.)

Condesa   Alzad del suelo el sombrero.
                        La capa se os ha caído.
                            ¿Turbaisos?

Rodrigo   Es Amor niño,
                        y túrbase.

Condesa	¿Qué decís?
Rodrigo	Que nunca, si lo advertís, la turbación tuvo aliño.
Condesa	¿Pues de qué os turbáis?
Rodrigo	¿Es poco tocar la mano, señora, al Sol, la Luna al aurora? Si nieve entre llamas toco, ¿no es justa mi turbación?
Condesa	Acabad ya, lisonjero.
Rodrigo	Calzaros quiero primero el dedo del corazón.
Condesa	¿Para qué?
Rodrigo	Para obligarle con la lealtad que le enseño.
Condesa	Si el corazón tiene dueño, ¿se qué sirve sobornarle?
Rodrigo	¡Dueño!
Condesa	El Conde Casimiro.
Rodrigo (Aparte.)	No cabe el guante, señora. (¡Ay de mí!)
Condesa	Tirad agora.

Rodrigo (Aparte.)	Romperéle si le tiro... (Al paso que mi esperanza: que aunque la barra tiró canto pudo, la rompió mi mortal desconfianza.)
Condesa	En fin, ¿me viene pequeño el guante?
Rodrigo (Aparte.)	Cual mi ventura. (Que aunque igualarme procura con el valor de su dueño, es imposible alcanzarle.)
Condesa	¿Quién hay, Otón, que no sepa, que para que un guante quepa, no hay cosa como picarle?
Rodrigo	Puede venir tan pequeño, que el picarle sea excusado.
Condesa	Dadme vos que esté picado; que vendrá sin duda al dueño.
Rodrigo (Aparte.)	(¡Cielos! ¿Es favorecerme esto, o burlarse? No sé. ¿Si necio presumiré que todo aquesto es quererme? Pero si con la condesa habló el venturoso Conde, si con él se corresponde, si ella misma lo confiesa, ¿hay claridad más oscura? ¿Hay oscuridad más clara?)

Condesa (Aparte.)   (Amor que así se declara,
ya toca en desenvoltura.
    Yo volveré sobre mí.)
Otón, si el Conde viniera
tan picado, que estuviera
rendido y sujeto aquí,
    alcanzara por amante
lo que por soldado no.

Rodrigo (Aparte.)   (¡Ah cielos! Ya declaró
la enigma oscura del guaute.
    Volvamos, loca porfía,
a casa la libertad;
que es lo demás necedad.)

(Sale Clavela.)

Clavela   Albricias, señora mía.

Condesa   ¿De qué? ¿Ha venido mi hermano?

Clavela   No; mas tu esposo ha venido.

Condesa   ¿Cómo? ¿Pues ha merecido
ese título hombre humano,
    sino el duque? Loca, necia...

Clavela   El ver que le quieres bien,
y que es público también
que como a esposa te precia,
    y a darte la mano viene,
me ha obligado a anticipar
el nombre que le has de dar,

y él por tan seguro tiene.

Condesa   ¿Hay hombre más atrevido?

Rodrigo   Si ha dicho vuestra excelencia
que el venir a su presencia
enamorado y rendido
le ha de ser de más provecho
que armado con gente tanta,
¿por qué le culpa y se espanta?
Lo que deseaba ha hecho.

Condesa   No todo lo que se dice
se desea siempre, Otón;
de la lengua al corazón
hay mil leguas. Contradice
la lengua al alma mil veces.
Vamos; que el Conde verá,
si persuadido a eso está,
en los ojos, que son jueces
del pensamiento, el rigor
de una enojada mujer
y a no estar en mi poder,
y deslustrar mi valor,
viniendo de paz, prendere,
yo le hiciera castigar.

Rodrigo (Aparte.)   (¿Quién os sabrá contentar,
mujeres?)

Condesa   Yo voy a verle
contra mi gusto. Esos guantes,
porque del mío lo son,
picad entre tanto, Otón,

y no os asombren gigantes,
   pues torres la industria escala,
sin reparar en su altura;
que en mano de la ventura
un pastor a un rey iguala.

(Vase la Condesa.)

Rodrigo   (¿Otra vez volvéis, engaños,
                         a despertar mi sosiego?
                         ¿Otra vez sopláis el fuego
                         que apagaron desengaños?
                            Eso no; ya el Conde vino
                         anoche, y le prometió
                         ser su esposo; oílo yo
                         lo demás es desatino.
                            Palabra me dio Clavela
                         de ser mi esposa. ¿Qué aguardo?

Clavela (Aparte.)   (Amor, ¿por qué me acobardo?
                         ¿Declararéme?)

Rodrigo (Aparte.)   (¿Hablaréla?)
                         Mi bien...

Clavela   ¿Mi bien?

(Sale la Condesa.)

Condesa   ¿Qué hacéis
                         los dos aquí?
(A Clavela.)   Ven conmigo.

Clavela (Aparte.)   (¿Qué es esto, Amor enemigo?

110

¿Siempre estorbos me ponéis
para declarar mi llama.)
¿Qué dices?

Condesa   Conmigo ven,
y esta noche te preven
a dar la mano a quien te ama.

Rodrigo   Señora...

Condesa   Aquéste es mi gusto,
y hoy se ha de ejecutar.

Rodrigo   ¿Pues será justo quebrar...?

Condesa   Ya sea justo, ya sea injusto,
esta noche te dispon
a dar esposo a tu fama;
que ya yo he buscado dama
a don Rodrigo Girón.

(Vanse la Condesa y Clavela.)

Rodrigo   «¿Que ya yo he buscado dama,
a don Rodrigo Girón?»
Pues ¿quién le dio comisión,
si no conoce a quien ama
don Rodrigo, en prevenir
dama para él? Mas Clavela
mis secretos le revela,
aunque procura fingir.
Siendo don Rodrigo Otón,
si la condesa me ama,
guardaráse para dama

de don Rodrigo Girón.
    Pero ¿cómo puede ser,
si Casimiro ha llegado,
por la condesa avisado,
a quien ya llama mujer,
    y una noche en el terrero,
junto a la lengua del mar,
le oí yo mismo alabar;
arrogante y lisonjero,
    que le amaba la condesa?
Ella misma ha confesado
que toda el alma le ha dado;
y pues ella lo confiesa,
    no pasemos adelante,
engañosas conjeturas.
Mas —¡cielos!— ¿las picaduras
y la pequeñez del guante...?
    No es afición, sino es sueño.
¿Hay más confuso cuidado?
«Dadme vos que esté picado;
que yo haré que venga al dueño.»
    Todas estas muestras son
que se guarda, porque me ama,
la condesa para dama
de don Rodrigo Girón.

(Salen Pinabel y Chinchilla.)

Pinabel   Pues, Otón, ¿vos aquí tan melancólico
                     cuando todo Momblán se regocija
                     de ver a Casimiro tan gallardo,
                     que todo el mundo le echa bendiciones?
                     Salid a recebir a quien ha sido,
                     si ahora vencedor, vuestro vencido.

Rodrigo	No sé qué pesadumbres interiores
	me tienen, Pinabel, desazonado
	para cosas de gusto. El Conde venga
	con bien, para que goce a la condesa.

Pinabel	Según vos lo decís, mostráis que os pesa.

Rodrigo	¿A mí pesar? ¿Por qué? ¿Ya han ya llegado
	a palacio?

Pinabel   Ya están en la gran sala,
cercados de parientes y de amigos.
Salióle a recebir a la escalera
Diana, entre la nieve de sus tocas
deshojando claveles la vergüenza,
que a verle se asomó por sus mejillas.
Hincóse el Conde de rodillas luego,
diciéndole turbado: «Gran señora,
por imitar a Dios de todos modos,
si soberbio y armado me humillaste
humilde y desarmado premio aguardo.
Por preso vuestro vengo; que intereso
ser vuestro esposo ya por vuestro preso».
Ella entonces, no sé si desdeñosa,
—propiedad de mujer cuando más quiere—
le dio la mano y dijo: «No permita
vuestra excelencia, cuando está en su casa,
hincar rodillas a quien mandar puede».
Y no dando respuesta a las razones
tocantes a su amor y alegres bodas,
alzando al Conde, de mirarla ufano,
le dio lugar para besar su mano.

Rodrigo	¿La mano le besó?
Pinabel	Y al lado suyo se entraron en la sala, donde un pliego abrió del duque Arnesto, en que le ruega se case con el Conde Casimlro, diciéndole que escribe al mismo punto que se pone a caballo, porque quiere venir a ser padrino de estas bodas.
Rodrigo (Aparte.)	(¡Ea, juntaos, desdichas; venid todas!) En fin, ¿que la condesa muestra gusto con el dichoso Conde?
Pinabel	¿Pues no es justo?
Rodrigo (Aparte.)	(¡Ay vanas esperanzas malogradas!)
Pinabel	Aunque ocupada, Otón, con tantas cosas mira con tal cuidado por las mías, que acaba de advertirme que esta noche quiere que dé la mano a vuestra hermana responda o no responda don Rodrigo; que gusta que a sus bodas se anticipen las mías, y a pesar de la mudanza, la posesión destierre a la esperanza. Y aunque quererlo la condesa sobra estimo de manera vuestro gusto, que no quiero sin él ninguna dicha; puesto que ya debéis de estar cansado de dilaciones de este don Rodrigo, y el sí le concedáis por ser su amigo.
Rodrigo	Pinabel, no ha dos horas que una carta

de don Rodrigo tuve, en que me avisa
que en Momblán hade estar esta semana.
Mirad, ¿cómo os podré dar a mi hermana?

Pinabel

Fácilmente podéis, si la condesa
me desposa esta noche; que forzado
ni podéis hacer más, ni estáis culpado.

Rodrigo

La condesa, en sabiendo que está en Flandes
don Rodrigo Girón no le hará agravio
ni a mí me querrá dar tal pesadumbre.

Pinabel

Siempre vos la mostráis en cosas mías,
y si por ser yo hermano del difunto
os parece que sea yo heredero
del odio que le habéis, Otón, tenido
podrá ser que lo sea en su venganza.

Rodrigo

Habladme, Pinabel, con mas templanza.

Pinabel

¿Qué templanza merecen vuestros humos?
¿Vos entendéis que yo no los conozco?
Ya sé que os prometéis sin fundamento
condados que soñáis, y que perdida
está por vuestro talle alguna dama,
con quien haciendo al Conde competencia
pasáis de la merced a la excelencia.
También sé que el negarme a vuestra hermana
es porque imagináis no ser iguales
mis prendas a las vuestras; que un cuñado
de un duque, potentado de Alemania
—como vos soñáis ser— querréis que sea
algún emperador, y aun será poco.
Quedaos para arrogante, necio y loco

que ni Clavela es digna de llamarse
mi esposa, ni de vos hay que hacer caso
que sois loco de atar.

(Vase Pinabel.)

Chinchilla   Deten el paso,
liebre, conejo, y triunfe la espadilla.
Sabrás quién es el capitán Chinchilla.

Rodrigo   Déjale; que padece el mismo daño
que yo. De celos muero, celos tiene
no me espanto que diga disparates.

Chinchilla   Si no se va, por Dios que hay carambola.
Cambrones lleva bajo de la cola.

Rodrigo   Voy a ver a Clavela; que si el Conde
viene a ser, como dicen, de Diana
amado dueño, con Clavela pienso
el tropel aplacar de mis desdichas,
pues todas mis venturas son tan cortas.

Chinchilla   Cuando hay falta de pan, buenas son tortas.

(Vanse don Rodrigo y Chinchilla. Salen Casimiro, Floro y Pinabel.)

Pinabel   Diérale yo el bien venido
a vuexcelencia, señor,
si hubiera para bien sido,
y no impidiera su amor
un loco desvanecido.
    Vuexcelencia cree que viene
a gozar en esta empresa

dichas que por ciertas tiene.
Pues si ama a la condesa,
para gozarla conviene
   dar primero muerte a Otón,
que es pesado impedimento
de su justa posesión.

Casimiro   ¿Cómo así?

Pinabel   Trae pensamiento.
que a esto llega su ambición,
   de ser en Oberisel
Conde.

Casimiro   ¿Otón?

Pinabel   Otón, que loco
sitial previene y dosel,
y todo lo juzga poco,
no siendo debajo de él
   esposo de la condesa.

Casimiro   ¿Pues tiene ella de él memoria!

Pinabel   Como en la pasada empresa
de vos alcanzó vitoria,
no le castiga, ni aun pesa
   a Diana de que intente
lo que imposible ha de ser,
y más teniéndos presente.

Casimiro   ¡Ah mudanzas de mujer,
ya en menguante, ya en creciente!
   ¿Que Otón loco y arrogante,

osa hacerme competencia?
¡Él de la condesa amante!
No hay sufrimiento y paciencia
para agravio semejante.
   Matarle será mejor.

Floro   Advierte lo que hacer quieres.

Casimiro   Esto conviene a mi honor.
                       ¡Ah liviandad de mujeres!
                       ¡Siempre escogéis lo peor!

Pinabel (Aparte.)   (Así la arrogancia vana,
Otón, sé yo castigar
de una locura liviana.
La vida te ha de costar
no haberme dado a tu hermana.)

(Vanse los tres. Sale la Condesa.)

Condesa   ¿Es posible, rapaz ciego y desnudo,
cuando el seso por un español pierdo
que a mis locuras se resista cuerdo,
y a mis palabras contradiga mudo?
    Declarado se ha el alma cuanto pudo
permitir la vergüenza, sin acuerdo.
Si es español y amante, ¿cómo es lerdo?
Si Amor habla por señas, cómo es mudo?
    Aquí está el Conde, el duque viene a verme,
que quiere darme esposo aborrecido,
y de pensarlo la esperanza muere.
    Decidle, Amor, que acabe de entenderme
pero no se dará por entendido;
que es peor sordo el que entender no quiere.

(Sale don Rodrigo.)

Rodrigo   Dícenme que vuexcelencia
me llama.

Condesa   ¿Yo? ¿Para qué?

Rodrigo   ¿No? Luego yo me engañé.
Voyme con vuestra licencia.

Condesa   Ya que estáis aquí, no os vais.
¿Cómo, si el Conde ha venido,
y la causa habéis sabido,
el parabién no me dais?

Rodrigo   Sea, señora, para bien.

Condesa   ¡Qué breve me le habéis dado!
¿Habéis los guantes picado?

Rodrigo   Si ya el Conde os quiere bien,
a quien sirvieron de enigma,
¿para qué los guantes son?

Condesa   Decís bien; tenéis razón.
Es vuestro ingenio de estima.
(Aparte.)   (Amor, declararme quiero
mas la lengua no osará,
porque el temor le pondrá
freno. A la industria prefiero,
que es madre de la Ocasión.)

Rodrigo (Aparte.)   (¡Que así esta mujer pretenda

burlarme, y que no lo entienda
mi dudosa confusión!)

Condesa (Aparte.)   (Pintaba cierto discreto,
retratando a la vergüenza,
un billete que comienza
a descubrir su secreto;
   y yo para descubrir
este secreto cruel,
me he de valer de un papel.)
Traed recado de escribir.

Rodrigo   Voy por él.

(Vase.)

Condesa   ¿No es gran crueldad
callar el enfermo triste,
si en el principio consiste
la mayor dificultad?
   Ánimo imposibles venza;
que si es el comenzar
la mitad del negociar,
lo más hace el que comienza.

(Saca don Rodrigo recado de escribir.)

Rodrigo   Aquí está lo necesario
para escribir.

Condesa   La opinión
que de vuestra discreción
tuvo siempre, secretario,
   me obliga a fiar de vos

cosas de honor y recato,
y lo que aquí veis que trato,
querría que entre los dos
se quedase.

Rodrigo   Por mi parte
seguro el secreto está.

Condesa   El Conde ha venido ya,
el duque a casarme parte.
El deseo y la ocasión
ahora ofrecen lugar,
que después han de estorbar
mi hermano y la dilación.
El asegurarla es bien.
¿No os parece?

Rodrigo   El fin espero.

Condesa   Un papel escribir quiero
por vos, a quien quiero bien.

Rodrigo   ¿No es al Conde?

Condesa   Es, y no es.

Rodrigo   ¿Es y no es, gran señora?

Condesa   Sí, porque no es Conde ahora;
pero serálo después.

Rodrigo   No entiendo esa enigma yo.

Condesa   El papel os la dirá.

Rodrigo (Aparte.)   (¡Cielos! esto ¿qué será?)

Condesa   Comenzad.

Rodrigo   Si os escribió
vuestro hermano, el duque Arnesto
que por esposo admitáis
al Conde, ¿de qué dudáis?

Condesa (Aparte.)   (¡Que aun no me entienda con esto!
¿Hay desventura mayor?)

Rodrigo   «Es y no es.» ¡Qué contrario
modo de hablar!

Condesa   Secretario,
no es para bobos amor.
Poco despuntáis de agudo.

Rodrigo   Indignos merecimientos
acobardan pensamientos.
¡Dichoso el Conde, que pudo
llamarse, desde que vino,
esposo vuestro!

Condesa   ¿Eslo ya?

Rodrigo   Poco menos.

Condesa   De aquí allá
hay mil leguas de camino.

Rodrigo   ¿Luego no le amáis?

Condesa	¿Yo? Sí.
Rodrigo	¿Pues qué leguas puede haber?
Condesa	¿Qué queréis? ¿No puede ser que Dios lo estorbe?
Rodrigo	Es así.
Condesa	Pues no pierda la esperanza el que la puede tener.
Rodrigo (Aparte.)	(¡Válgate Dios por mujer, por amor y por mudanza!) Señora...
Condesa (Aparte.)	(Aquí se declara.)
Rodrigo	¿Tendría algún fundamento mi atrevido pensamiento, si viendoos, imaginara que al Conde soy preferido?
Condesa	¡Vos! ¿Tan galán os pintáis? Arrogante y necio andáis. ¡Sois un bárbaro atrevido!
Rodrigo (Aparte.)	(¡Oh, nunca yo hubiera hablado!) Suplícoos me perdonéis.
Condesa	Escribid; que bien sabéis lo que ha que estáis perdonado, y en lo que os estimo y precio.

(Aparte.)

(Hombre que ha dudado ya
que le quiero bien, será
si me pierde, un grande necio.)

Rodrigo (Aparte.)

(Entre miedos y esperanzas,
me traeis, Amor sutil,
puesta mi vida en el fil
de estas dudosas balanzas.
¿Qué pensáis hacer de mí?
¿Tuvo más dudas Teseo
en su intrincado rodeo?)

Condesa

¿No escribís?

Rodrigo

Señora, sí.

(Dictando.)

Condesa

Mi bien...

Rodrigo

¡Señora!

Condesa

No os llamo,
sino digo que escribáis
«Mi bien.»

(Escribiendo.)

Rodrigo

Tierna comenzáis.

Condesa

Con tan grande extremo os amo...

Rodrigo

Os amo.

Condesa (Aparte.)　　　　　(¿A quién amáis vos?)

Rodrigo　　　　　«Os amo.» He puesto, señora.

Condesa　　　　　¿A mí?

Rodrigo　　　　　　　Yo repito ahora
lo que he escrito; aunque, por Dios
　que si hacéis los ojos jueces,
ellos dirán mi delito.

Condesa　　　　　Poned «os amo».

Rodrigo　　　　　　　　　Ya he escrito...

Condesa　　　　　Os amo yo.

Rodrigo　　　　　　　　¿Tantas veces?

Condesa　　　　　　¿Qué se os da a vos que sean tantas?

Rodrigo (Aparte.)　　　(Entre esperanzas, desvelo.
Tantas dudas, tantos celos,
ciego Amor, ¿por qué me encantas?)

Condesa　　　　　　Que por ver si me amáis vos,
dando a mis cuidados fin,
a las doce en el jardín
seré vuestra esposa. Adiós.

Rodrigo　　　　　　Escrito está ya.

Condesa　　　　　　　　El tercero,
Otón, habéis vos de ser.

Rodrigo	¡Dichoso quien merecer pudo tanto, que es primero!
Condesa	Cerralde. Bien está así. Y daréisele... ¿Entendéis...?
Rodrigo	Sí, señora.
Condesa	A quien sabéis que me quiere mas que a sí.

(Vase la Condesa.)

Rodrigo

«¡A quien sabéis que me quiere
más que a sí!» Luego soy yo.
Pero ¿por qué me escríbio,
si a mí en su amor me prefiere?
¿No me hablara, si es que muere
del mal que muero? Más venza
un papel, pues que comienza
a ser de mi amor la suma,
porque en los nobles, la pluma
es lengua de la vergüenza.
    Pero no será —¡ay de mí!—
sino el Conde a quien escribe;
que si por amarla vive,
amarála más que a sí.
Pero ¿cómo será así?
Si aguarda al duque su hermano,
solo para dar la mano
al Conde —¡cielo!—. ¿A qué fin,
llamándole a su jardín,
quiere hacer su amor liviano?

Por ella el Conde ha venido;
que le quiere ha confesado;
y querrá, pues fue el llamado,
hacerle hoy el escogido.
Pero si fuera querido,
preguntada, respondiera
que le amaba, y no dijera
aquel es y no es dudoso.
¿Hay mar mas tempestuoso
con mas confusa ribera?
No es posible, ni imagino,
que a Casimiro escrito ha,
pues dijo que de aquí allá
hay mil leguas de camino.
Pues ¿qué? ¿Diré que soy dino
de gozarla yo? ¡Ay de mí!
Que aquí la sentencia oí
de mi arrogante interés.
Decidme, cielos, ¿quién es
quien la quiere más que a sí?

(Salen Casimiro Y Floro, hablando con el Conde aparte.)

Floro   Aquí está Otón; pero mira
                 primero lo que has de hablar.

Casimiro   No hay que advertir ni mirar;
                 que no tiene ojos la ira.

Rodrigo (Aparte.)   (El Conde ha venido aquí.
                 Decid, oscuro papel,
                 ¿sois para mí o para él?
                 ¿Quién la quiere más que a sí?)

Casimiro	Otón...
Rodrigo	Gran señor...
Casimiro	En vos

sé yo que tuve un testigo,
cierta noche que conmigo
fue piadoso el ciego dios,
   de la mucha voluntad
con que, estando ausente yo,
a mi amor favoreció
la condesa.

Rodrigo	Así es verdad.
Casimiro	¿Ella no os lo dijo?
Rodrigo	Sí.
Casimiro	También habréis visto, Otón,

de mi larga pretensión
que la quiero más que a mí.

Rodrigo

   Si más que a vos la queréis,
aunque mi mal solicito,
a vos viene el sobre escrito...

Casimiro

Esto mejor lo sabéis
   que yo, pues que lo confiesa
Diana.

Rodrigo

   Digo que sí.
Quien la quiere más que a sí,
sois vos, y ansí la condesa

os escribe este papel.

Casimiro   ¿Para mí?

Rodrigo   ¡Pluguiera a Dios
que no fuera para vos!

Casimiro (Aparte.)   (¡Engañóme Pinabel!)
¿Qué es de la condesa?

Rodrigo   Sí.
Mandóme que le escribiese,
y que yo mismo le diese
a quien la ama mas que a sí.
    Y pues vos venís por él,
y esas señas me habéis dado,
vos, Conde, sois el llamado.
Gozad dichoso el papel.

(Dásele y se aparta del Conde Casimiro.)

Casimiro (Aparte.)   (¿Qué oís, confusos deseos?)

Rodrigo (Aparte.)   (¡Ay de quien se ha de matar,
si el Conde llega a gozar
la gloria de sus empleos!)

Casimiro   Floro, mira si estoy loco.

Floro   De cólera y sin razón
lo estabas poco ha.

Casimiro   Perdón
le pido. En tiempo tan poco,

¿tal premio mi amor recibe?

Floro   Aun no has llegado a saber
                 lo que dice.

Casimiro   Quiero ver
                 lo que mi condesa escribe.

(Lee para sí.)

Rodrigo (Aparte.)   (Si no sois, Clavela, vos
                      saludable contrayerba
                      contra la ponzoña acerba
                      de estas desdichas, por Dios
                         que muero infelicemente.)

(Acabando de leer.)

Casimiro   «Dando a mis cusdados fin,
                 a las doce en el jardín,
                 seré vuestra esposa.» Miente
                    quien dice que la mujer
                 es liviana, es inconstante;
                 que es bronce, mármol, diamante,
                 y más firme viene a ser.
                    Diana es la discreción,
                 la hermosura, la nobleza,
                 la gracia y la gentileza,
                 el donaire, la sazón...

Floro   Señor, basta.

Casimiro   Otón leal,
                 mi estado es tuyo desde hoy.

Tú eres el Conde, yo soy
mucho menos que tu igual.
Dame los brazos, los pies...
Pero todo aquesto es poco.
Dame...

Floro   Señor, ¿estás loco?

Casimiro   ¿No lo he de estar? ¿No lo ves?
Llegó mi ventura al fin.
Ven; que el Amor me da prisa.

Floro   ¿Dónde?

Casimiro   A ver a mi condesa,
que me aguarda en el jardín.

(Vanse Casimiro y Floro.)

Rodrigo   ¡Cielos! ¿A ver su condesa
que le aguarda en el jardín?
¿Que la ha de gozar, en fin,
aunque la adoro, y me pesa?
¿Que tanto bien interesa
por la letra de un papel,
que leyó su dicha en él,
estando mi suerte en duda,
nunca el Conde a verla acuda,
si el Conde no es dueño de él.
Si viene el duque mañana,
¿qué prisa, cielos, es ésta?
Necio he sido; no hay respuesta,
porque a no querer Diana
que yo la ocasión gozara,

el papel para mí fuera.
Por su mano le escribiera,
y con otro le enviara.
   El Conde ha de ir a las doce,
como el papel lo advirtió.
Anticiparéme yo
luego, porque no la goce,
   o moriré si me engaño
en saber que soy querido.
Amor, ya que necio he sido,
suelde la industria este daño.

(Sale Chinchilla.)

Chinchilla   En todo este santo día
                 no te he visto.

Rodrigo   Ni podrás
                 agora.

Chinchilla   Pues ¿dónde vas?

Rodrigo   ¡Ayuda, presteza mia!
                 Aguárdame en el terrero.

Chinchilla   tres días ha que no cenas
                 ni comes.

Rodrigo   Manjar de penas
                 es solo el que busco y quiero.

Chinchilla   ¡Anda bueno el dios machín!
                 ¿Dónde vas con tanta prisa?

Rodrigo	Voy...
Chinchilla	¿Vas?
Rodrigo	A ver mi condesa que me aguarda en el jardín.

(Vase don Rodrigo.)

Chinchilla   Él se fue a mudar vestido,
y yo me habré de quedar,
como suelo, a repasar
cuentas de lo que he bebido.
  ¡Válgate el diablo, el terrero,
lo que das en perseguirme!
Pues ¿si tengo de dormirme?
Pues si chero, pues no chero.

(Vase Chinchilla. Salen Casimiro y Floro.)

Casimiro   ¿No son las doce?

Floro   ¿Las cuántas?
Ni las diez.

Casimiro   Quien ama, cuente
horas, Amor, de relojes
que cuestan caro si mienten.
Sabes tú que la condesa,
con ver que su hermano viene
con tanta prisa a casarme,
un día esperar no puede,
y que esta noche me manda
la venga a ver. ¿Y tú quieres

que aguarde la flema yo
de un reloj, porque se hiele,
y por no dar, no reciba
mi amor el premio que tiene
tan cierto? La diligencia
siempre gana y nunca pierde.

Floro   En fin, ¿a entrar te dispones?

Casimiro   A entrar me dispongo. Véte.

Floro   ¿Quieres que te aguarde aquí?

Casimiro   No, porque si pasa gente,
               darás lugar a malicias.

Floro   Guíete el Amor, si puede
               un ciego guiar a otro.

(Vase Floro. Sale Chinchilla, que habla aparte al salir.)

Chinchilla (Aparte.)   (Mi señor sin duda es éste.)

Casimiro   Allí está la cerca baja.
               Trepando por los laureles
               que están pegados al muro,
               podré saltar fácilmente.

(Habla con recato al Conde Casimiro desde lejos.)

Chinchilla   ¡Ah, señor! ¿No me conoces?

(Sin oír a Chinchilla.)

Casimiro   Noche propicia y alegre,
no salga en un año el Sol
en los brazos de su oriente,
porque ni mi amor estorbe,
ni mi silencio despierte.
¡Dulce esposa! ¿Que en tus brazos
antes de un hora he de verme?

(Vase Casimiro.)

Chinchilla   ¡Ah, señor! ¡Señor! Zampóse.
Si la Condesa le quiere,
y entra a gozarla, no dudo
que don Rodrigo ha de hacerme,
en casándose con ella,
Archibodeguero siempre,
y de Lucrecia, Tarquino.

(Sale don Rodrigo sin ver a Chinchilla.)

Rodrigo   Si era para mí el billete
y necio al Conde le di,
goce su amor en papeles,
y yo por obra advertido,
mi cortedad necia enmiende.
Dos horas antes del plazo
vengo; y si Diana duerme,
que con amor no es posible,
mis suspiros la despierten.
Vos, jardín, habéis de ser
tálamo amoroso y verde
de mis dichas. Subir quiero.

Chinchilla (Aparte.) (Hacia mí un gigante viene.

¡Válgame Dios! ¡Que haya santos
abogados de los gentes,
de las tripas, de la ijada,
de las bubas y la peste,
y no haya santo abogado
del miedo que un hombre tiene!
Pero no hay santo cobarde;
que quien se salva es valiente.)

Rodrigo   ¡Hola! ¿Quién va?

Chinchilla (Aparte.)   (Ya me ha visto.)

Rodrigo   ¿Quién sois? ¡Hola!

Chinchilla (Aparte.)   (Quien quisiere,
porque a los hombres de paja
cualquier nombre les conviene.)

Rodrigo   ¿Sois señor, o sois criado?

Chinchilla   Criado he sido tres veces:
una de Dios, de mi madre
otra, que me dio su leche,
y otra, que nunca lo fuera,
de un amo que aquí me tiene
mientras se calienta él,
como cantimplora en nieve.

Rodrigo   ¿Es Chinchilla?

Chinchilla   ¿Es don Rodrigo?

Rodrigo   ¡Borracho!

136

Chinchilla	¿Tan presto vuelves? Cortos fueron los oficios. Amante eres diligente pero pues tan presto sales, algo ha habido. ¡Qué hay? ¿Qué tienes? ¿Hante sentido en palacio, o la viuda no te quiere?
Rodrigo	¿Estás horraeho? ¿Qué dices? Que tantas cosas revuelves unas con otras?
Chinchilla	¿Qué digo? ¡Bueno será que lo niegues! ¿No acabas de entrar ahora, por entre aquellos laureles, al jardín de la condesa?
Rodrigo	¿Yo?
Chinchilla	No, sino el mequetrefe. ¿Pídote yo la alcabala? ¿Vengo por los alquileres, que me niegas lo que he visto por estos ojos o ojetes?
Rodrigo	¿Hombre hay dentro del jardín?
Chinchilla	Hombre y tan hombre, que viene a mostrar que es para hombre.
Rodrigo	¡Ah, cielos! El Conde es éste. ¿Tu le viste entrar?

Chinchilla   Yo mismo,
no ha un cuarto de hora, y dejéle
porque pensé que eras tú.

Rodrigo   ¡Oh celos! ¡Oh amor aleve!
Yo tengo la culpa, yo,
y pues la tengo, no quede
vida en mí. ¡Tan desdichada,
más vale darme la muerte!

Chinchilla   ¿Tenemos ya carambola?

Rodrigo   ¡Que yo al Conde el papel diese
que era para mí! ¡Mal haya
quien ama, y la ocasión pierde!
(A gritos.)   ¡Ah del parque! ¡Ah de palacio!
¡Ah del jardín! ¡Hola! ¡Gente,
jardineros...!

Chinchilla   No des voces.

Rodrigo   ¡Pues qué! ¿Quieres que reviente?
Déjame, pues por mi causa
perdí la ocasión alegre
de mis dichas, que dé alivio
a mis ansias de esta suerte.
Árboles, ¿no veis vosotros
por los ojos de hojas verdes
que mi amor se llama a engano?
Si el Conde entró, detenedle.
Flores, volveos espinas;
así nunca el mayo fértil
de los brazos de Amaltea

vuestros valles frescos deje.
Creced, arroyuelos claros,
haced mares vuestras fuentes,
para que el Conde no pase,
y si pasare, se anegue.
Pero todos diréis y justamente,
que muera el que una vez la ocasión pierde.
Yo la perdí, yo el ignorante he sido.
Solo puedo quejarme de mí mismo.

Chinchilla   Aquí nos han de matar,
si das voces, imprudente.
Las puertas abren del parque;
por ellas sale gran gente.
Casimiro y la condesa,
enlazando manos, vienen
oyendo de sus vasallos
venturosos parabienes.

Rodrigo   Para mí son paramales.
¡Ay celos! ¡Ay rabia! ¡Ay muerte!
Y —¡ay de mí!— que ya no hay
industria que me remedie.

(Salen Liberio, Pinabel, Clavela, Lucrecia, Casimiro y la Condesa, de las manos,
y acompañamiento.)

Condesa   Lo que os escribió mi amor,
en fe del mucho que os tiene,
Conde y señor, vuestra esposa,
fue acelerado accidente;
que sin consultar al alma
los deseos, impacientes
de esperar términos largos,

juzgan siglos horas breves;
mas no es razón que en secreto
vuestra firmeza se premie,
cuando en público desea
esta ciudad que celebre
el amor entre los dos,
los deseos excelentes
de Casimiro y Diana,
que el alma y mano os ofrece.
Por eso desde el jardín,
donde Amor, que nunca duerme,
cogiéndoos en él, ha sido
hoy cazador diligente,
os traslado a mi palacio,
para que como merece
vuestra constancia, Himeneo
coyundas de amor nos eche.

Casimiro   Venturosas dilaciones,
que, en fin, dulce esposa, tienen
tan apacible remate!
¡Y yo dichoso mil veces,
que esta mano he merecido!

Condesa (Aparte.)   (Pues el cielo así lo quiere,
loco Amor, salid del alma.)

(Aparte a don Rodrigo.)

¡Otón! ¿Aquí estáis? Quien tiene
entendimiento tan corto,
que para corto se quede.

Rodrigo   Siempre hablastes por enigmas.

Condesa	Siempre el cuerdo las entiende.
	¡El papel distes al Conde!
	¡Agudeza fue prudente!
Rodrigo	Pensé que era para él.
Condesa	Hombre érades de penséque.
(A Casimiro.)	Vamos, venid, Conde mío.

(Don Rodrigo habla aparte con la Condesa.)

Rodrigo	¿Aqueste pago merece
	mi amor?
Condesa	Así se castigau
	necedades de un penséque.

(Habla Chinchilla aparte con su amo.)

Chinchilla	¿«Penséque» ibas a decir
	ahora?
Rodrigo	Déjame. ¿Quieres
	que me mate?
Chinchilla	¿Tú no sabes
	la descendencia y parientes
	del penséque, que en el mundo
	tantos mentecatos tiene,
	dando piensos de cebada
	que es bien que a penséques piensen?
Condesa	Ya, Conde y señor, que sois

mi esposo, y el duque viene
a celebrar nuestras bodas,
quiero, primero que llegue,
hacer con vuestra licencia,
otras segundas que alegren
las vuestras.

Casimiro   Vuestra hermosura
lo que más gustare ordene.

Condesa   Clavela se ha de casar
con quien sé yo que la quiere
desde que a esta tierra vino.

Pinabel   Yo, gran señora, soy ése.

(Por don Rodrigo.)

Condesa   No es sino este caballero.
Los dos desposarse pueden.

Liberio   ¿Con mi hijo?

Clavela   ¿Con mí hermano?
(Aparte.)   (¡Ojalá nunca lo fuese!)

Condesa   No es Otón, como pensáis
todos, el que veis presente.

Clavela   ¿Pues, quién?

Condesa   Rodrigo Girón;
que el verdadero Otón viene
en servicio de mi hermano,

y es quien por él intercede.

Liberio   Clavela, si esto es así,
            por vuestro esposo se quede;
            que de hijo ayerno va poco.

Clavela   La mano le doy mil veces.

Rodrigo   Yo a vos con ella mi vida,
            pues por vos a cobrar vuelve
            el sosiego que perdió.

Pinabel   Pues ¿este pago merecen
            mis servicios, gran señora?

Condesa   Para que en parte se premien,
            mi prima Laura será
            vuestra esposa.

Pinabel   Ya no puede
            osar quejarse mi agravio
            pues me hacéis vuestro pariente.

Rodrigo   Yo he de partirme a Castilla
            con mi esposa...

Condesa   Sois prudente.

Rodrigo   ...por no tener a mis ojos
            el castigo del penséque.

Condesa   Diez mil ducados os doy.

Chinchilla ¿Y a mí?

Condesa	Dos mil.
Chinchilla	Dios te deje llegar a ver choznos viejos. Señora Lucrecia, llegue, y déme esa mano.
Casimiro	Vamos, primero que en Momblán entre hoy el duque, a recibirle.
Rodrigo	El cuerdo amante escarmiente en mí, y goce la ocasión; porque al que cual yo la pierde, le cabrá parte conmigo del castigo del penséque.

Fin de la comedia

Libros a la carta

A la carta es un servicio especializado para
empresas,
librerías,
bibliotecas,
editoriales
y centros de enseñanza;
y permite confeccionar libros que, por su formato y concepción, sirven a los propósitos más específicos de estas instituciones.
Las empresas nos encargan ediciones personalizadas para marketing editorial o para regalos institucionales. Y los interesados solicitan, a título personal, ediciones antiguas, o no disponibles en el mercado; y las acompañan con notas y comentarios críticos.
Las ediciones tienen como apoyo un libro de estilo con todo tipo de referencias sobre los criterios de tratamiento tipográfico aplicados a nuestros libros que puede ser consultado en Linkgua-ediciones.com.
Linkgua edita por encargo diferentes versiones de una misma obra con distintos tratamientos ortotipográficos (actualizaciones de carácter divulgativo de un clásico, o versiones estrictamente fieles a la edición original de referencia).
Este servicio de ediciones a la carta le permitirá, si usted se dedica a la enseñanza, tener una forma de hacer pública su interpretación de un texto y, sobre una versión digitalizada «base», usted podrá introducir interpretaciones del texto fuente. Es un tópico que los profesores denuncien en clase los desmanes de una edición, o vayan comentando errores de interpretación de un texto y esta es una solución útil a esa necesidad del mundo académico.
Asimismo publicamos de manera sistemática, en un mismo catálogo, tesis doctorales y actas de congresos académicos, que son distribuidas a través de nuestra Web.
El servicio de «libros a la carta» funciona de dos formas.
1. Tenemos un fondo de libros digitalizados que usted puede personalizar en tiradas de al menos cinco ejemplares. Estas personalizaciones pueden ser de todo tipo: añadir notas de clase para uso de un grupo de estudiantes, introducir logos corporativos para uso con fines de marketing empresarial, etc. etc.

147

2. Buscamos libros descatalogados de otras editoriales y los reeditamos en tiradas cortas a petición de un cliente.

www.ingramcontent.com/pod-product-compliance
Lightning Source LLC
LaVergne TN
LVHW091220080426
835509LV00009B/1093